Gabi Schick

Per Segelstop durch Karibik und Südsee nach Neuseeland

Gabi Schick

Per Segelstop durch Karibik und Südsee nach Neuseeland

Eine Globetrotterin erzählt

Hrsg.: Rainer Breuer / Ursula Dahm

éditions trèves

CIP-Kurztitelaufnahme der Deutschen Bibliothek

Schick, Gabi:
Per Segelstop durch Karibik und Südsee nach
Neuseeland: eine Globetrotterin erzählt / Gabi Schick.
Hrsg.: Rainer Breuer; Ursula Dahm —
Trier: éditions tréves, 1987.
(trèves reise impressionen; Nr. 2)
ISBN 3-88081-192-X
NE: GT

Die Landkarten zeichnete Jan Negelen

Sämtliche Fotos sind von Gabi Schick

Die Motive der farbigen Umschlagfotos
Titelfoto: Insel Niue, Außenriff

Innenklappe vorne:	Anse Mitan, Martinique Englische Kolonialarchitektur, Bequia/Grenadinen Die Klaus Störtebecker motort aufs offene Meer hinaus
Innenklappe hinten:	Tölpel am Cape Kidnapper, Neuseeland Markt in Neiafu auf Vava'u, Tonga-Inseln Bucht zwischen Yankee River und Long Harry, Steward Insel (Neuseeland)
Umschlagrückseite:	10-tägige Wanderung auf der Steward Insel, Neuseeland

trèves reise impressionen Nr. 2
Auflage: 4. 3.

mit dem Verlag möglich.
Hrsg. mit Unterstützung des Vereins zur Förderung der künstlerischen Tätigkeiten — éditions trèves e.V.

Inhalt

Neuer Anlauf

Nachdem ich von einer Südamerika-Reise zurückgekehrt war, wollte ich eigentlich mein weiteres Leben als Geschäftsfrau verbringen. Doch daraus wurde nicht viel. Schon nach wenigen Wochen brannte das Reisefieber, und ich begann wieder Pläne zu schmieden — sehr zum Bedauern meiner Eltern, die gehofft hatten, ihre Tochter würde nun endlich zu einem geregelten Leben finden.

Aber es kommt ganz schnell ganz anders. Mein Traum vom Segeln soll Realität werden. Statt wie geplant in eine eigene Wohnung, ziehe ich mit vier Freunden in ein altes Haus und spare jeden Pfennig für die nächste Tour. Trotz aller Warnungen: "Das ist ja reiner Selbstmord! Du bist ja völlig verrückt, auf einem kleinen Segelschiff über den Pazifik!", lasse ich mich nicht mehr abschrecken und verschiedene Bücher zum Thema Segeln werden von nun an meine ständigen Begleiter.
Ursprünglich wollte ich im Herbst mit dem Passatwind über den Atlantik segeln. Da ich aber zu dem dafür günstigsten Zeitpunkt mit meinen Freunden zu Hause eine herrliche Zeit habe, beschließe ich, meinen Trip in der Karibik zu starten, und dort vor Beginn der Hurrikan-Saison nach einer Segeljacht zu suchen.
An einem kalten Februartag fahre ich nach tränenreichem Abschied nach Brüssel zum Flughafen. Meine Freunde Elke und Peter fliegen mit mir nach Fort-de-France, der Hauptstadt Martiniques. Die beiden begleiten mich, um ihren zweiwöchigen Urlaub unter tropischer Sonne zu verbringen.

Erste Crewposition in der Karibik

Vom kalten Winter Deutschlands in die angenehmen Temperaturen der Karibik, ein Wechsel, der keinem von uns schwerfällt. 28 Grad hat man im Flugzeug angekündigt, und die sind es meinen Schweißausbrüchen nach zu urteilen bei der Ankunft auf Martinique ganz bestimmt.
In Fort-de-France bin ich mit Conny verabredet. Mit ihr zusammen habe ich vor der brasilianischen Küste schon einmal eine — wenn auch nur kurze — Segeltour gemacht. Seit dieser Zeit schreiben wir uns regelmäßig Briefe. Mit ihrer Hilfe wird mir der erste Schritt in die Szene der "Jachties" sicher leichter fallen.
Da es bei Dunkelheit unmöglich ist, Conny und die Jacht ihres Freundes Mark zu finden, entscheiden wir uns für die Übernachtung auf einem Campingplatz. Mit einem Bus fahren wir in die Hauptstadt Fort-de-France. Von dort setzen wir mit der Fähre auf die gegenüberliegende Seite der Bucht nach Anse Mitan über, und schließlich

Bucht von Anse à l'Ane

legen wir noch zu Fuß zwei Kilometer nach Anse à l'Ane zurück, einem kleinen Dorf, wo sich laut Reiseführer der Campingplatz befindet. Unter Gummibäumen und Kokospalmen, direkt am Strand der kleinen Bucht, in der auch einige Jachten vor Anker liegen, mieten wir eine kleine Hütte. Schnell raus aus den warmen Jeans und glühenden Turnschuhen. Die sind für die kommenden Monate überflüssiger Ballast. Mit einem kühlen Bier aus der Bambusdisco nebenan sitzen Elke und ich noch lange wortlos träumend in der warmen Tropennacht.

Am nächsten Morgen klappere ich sämtliche Ankerplätze ab. Von Conny und der Jacht Tokolosh keine Spur. Stattdessen schließe ich Bekanntschaft mit einigen Seglern aus unserer Bucht von Anse à l'Ane und erfahre per Zufall, daß die beiden mit ihrem Boot auf dem Trockendock sind um es neu zu streichen.

Sofort suche ich sie dort. Conny fällt aus allen Wolken, als ich sie bei ihrer Siesta überrasche und freut sich über den selbstgebackenen Kuchen ihrer Mutter und das Vollkornbrot, das auf Reisen zur begehrenswerten Seltenheit wird.

An meinem Geburtstag ist die Tokolosh wieder auf dem Wasser und ankert vor Anse à l'Ane. Morgens holt Conny mich mit einem bunten Blumenstrauß zum Frühstück an Bord ab. Der Tisch ist mit Bananenblättern und Blüten geschmückt. Auch einige in Blätter und bunte Blüten gewickelte Geschenke warten darauf, ausgepackt zu werden. Bei einer Flasche Sekt tauschen wir unsere Pläne aus und ich erfahre, daß die beiden auch in dieser Saison in den Pazifik möchten, allerdings noch auf Ersatzteile für den Motor warten, die aus Deutschland geschickt werden.

In der Karibik ist Karneval, und dieser wird auf Martinique ausgiebig gefeiert. Fünf Tage lang ist in Fort-de-France alles, was Beine hat, beim Karnevalsumzug auf den Straßen. Es wird gesungen, getanzt und Musik gemacht. Ich feiere kräftig mit, wobei mir jemand so fest auf den Zeh springt, daß dieser dick und blau wird und ich schon glaube, er sei gebrochen. Jeder der fünf Tage steht unter einem anderen Motto. Einmal sind sämtliche

Karneval in Fort-de-France

Männer als Frauen verkleidet, ein anderes Mal tragen alle Menschen rote Kostüme. Am letzten Tag tragen alle schwarz, denn es ist der Tag der Trauer, und um Mitternacht wird die Karnevalspuppe Varval verbrannt.
Auch ich habe Anlaß zum Traurigsein. Elke und Peter fliegen zurück nach Deutschland. "Tschüss, machts gut! Länger als zwei Jahre bleibe ich sicher nicht!" Die letzte Verbindung mit der Heimat ist gerissen.
Da ich noch immer kein Boot gefunden habe, ziehe ich um auf die Tokolosh. Zwar ist da noch ein Schweizer, der nach Crew sucht, er hat schon zweimal die Welt umsegelt, aber zu Hause in Deutschland habe ich mir geschworen, nur mit einem Mann zu segeln, wenn ich weiß, daß ich auch mit ihm schlafen würde — denn das bleibt bei den langen Tagen auf See bestimmt nicht aus. Leider ist dieser nette, aber etwas verrückte Schweizer überhaupt nicht mein Typ.
Da die meisten Jachten schon Anfang Februar Richtung Panama gesegelt sind, entwickelt sich so langsam die Idee, daß ich eigentlich auch mit Conny und Mark segeln könnte.
Wir ankern nun im Hafen von Fort-de-France. Meine Hauptbeschäftigung besteht darin, schon morgens beim

Apricotier, der Seglerkneipe, die Leute anzuquatschen, um meinen Rückflug zu verkaufen. Den mußte ich in Deutschland buchen, um überhaupt eine Einreisegenehmigung für Martinique zu erhalten. Die Insel ist einer der wenigen mir bekannten Orte, wo es möglich ist, ein auf einen bestimmten Namen ausgestelltes Ticket nochmals weiterzuverkaufen. Nach einer Woche kenne ich fast jeden Jachtie und habe mir auch schon allerhand Seglergarn angehört. Sogar eine Interessentin für mein Ticket ist aufgetaucht, und nachdem ich ihr den passenden Flugtermin bestätigt habe, ist der Handel perfekt.

Fort-de-France

Die Ersatzteile für das Boot lassen auf sich warten. Mark rennt Tag für Tag zur Post und zum Zoll. Fort-de-France wird uns allmählich zu laut und zu hektisch. Aus diesem Grund unternehmen Conny und ich Tagesausflüge auf der Insel. Wir besuchen die kleinen idyllischen Fischerdörfer im Norden der Vulkaninsel und wandern durch tropischen Regenwald. Beim Besuch der in eine schmale Schlucht herabstürzenden Wasserfälle Gorge de la Valaise ereignet sich ein Zwischenfall. Keine Menschenseele weit und breit! Wir ziehen unsere Kleider aus und waten flußaufwärts durch das eiskalte Wasser immer

tiefer in den schmalen Schlund, als uns plötzlich ein männlicher Besucher von hinten überrascht und uns zwischen die Beine greift. Conny gerät in Panik. Seit einer Vergewaltigung in Kolumbien jagen ihr solche Situationen große Schrecken ein. Was nun? Vor uns liegt der Wasserfall, hinter uns steht der Typ. Wir müssen an ihm vorbei, und ich zögere nicht lange, schlage um mich, kratze und beiße, bis er endlich den Weg freigibt.
Zum Glück liegen die Kleider noch an der gleichen Stelle. Es beginnt zu regnen und wir schlendern, nachdem der Schreck überwunden ist, durch Bananenplantagen und Blumengärten zurück zur Straße.
Endlich sind auch die Ersatzteile angekommen. Eric, ein Mechaniker des französischen Militärschiffs Faronne, repariert unseren Motor. Als Testfahrt motoren wir hinaus zu einem kleinen Jachtclub.
Die Tokolosh ist nun seeklar, das Einkaufen von Lebensmitteln für die lange Reise kann beginnen. Wir mieten bei Hertz einen Wagen und fahren damit zum größten Supermarkt der Insel. Nach der ersten Wagenladung bleibe ich an Bord, um die Dosen mit Datum und Inhalt zu beschriften. Bis zum Abend herrscht unter Deck das totale Chaos, und wir finden kaum noch einen Platz zum Hinsetzen.
Am nächsten Tag sind noch einige Kleinigkeiten zu besorgen, dann motoren wir hinüber in die Bucht von Anse Mitan. Es ist eine Wohltat in der ruhigen Bucht zu ankern, nach der ganzen Hektik von Fort-de-France. Palmen wiegen sich sanft im Abendwind, leise plätschert die Dünung am Strand. Es ist eine milde, angenehme Nacht.
Der letzte Tag auf Martinique beginnt mit einem herrlichen Sonnenaufgang und einem ausgiebigen Frühstück am Buffet des 4-Sterne-Hotels Meridien. Anschließend geht es an die Arbeit: die Tokolosh muß aufgeklart werden. Ein geschäftiger Tag, doch zum Sundowner sitzen wir schon wieder auf der Terrasse des Meridien bei Piñacollada und Acras, einem fritierten Fischteig. Abends feiern wir Abschied von Bekannten. Außer Jana, einer jungen deutschen Frau, die mit ihrem alten Holz-

boot alleine über den Pazifik will, überwintern die verbleibenden Jachten in der Karibik oder segeln über den Atlantik zurück ins Mittelmeer.

Zeit zum Sundowner

Am Morgen der Abreise gehe ich noch einmal an Land, um frisches Obst und Gemüse einzukaufen. Dann kann es endlich losgehen!
Schon bald bin ich seekrank und liege flach im Cockpit. Conny kocht, aber ich kann nichts essen. Sie tröstet mich: "Es kommt bei den erfahrensten Seglern vor, daß sie am ersten Tag seekrank sind. Morgen geht es dir bestimmt wieder besser!" Bis Bequia, einem kleinen Inselchen in den Grenadinen, sind es 110 Seemeilen. Trotz unstimmigen Magens erlebe ich bei traumhaftem Wetter und gutem Wind einen schönen Segeltörn. Über Tag haben wir die elektronische Selbststeueranlage eingeschaltet, nachts zieht Mark es vor, selber das Ruder zu übernehmen. Auch ich verbringe die meiste Zeit im Cockpit. Planktonleuchten und die Nähe des Wassers machen meine erste Nachtfahrt zu einem großen Erlebnis. Endlich auf See!
Am folgenden Morgen ankern wir schon früh in der Bucht von Bequia, wo auch andere Segeljachten liegen.

Nachdem die Segel ordentlich weggepackt sind, wird unter Deck aufgeräumt. Alles, was während der Fahrt rutschfest verstaut werden mußte, kann nun wieder hervorgeholt werden. Die Tischdecke kommt wieder auf den Tisch, eine kleine Vase als Dekoration ebenfalls. Ich mache Frühstück, denn mein Appetit hat sich wieder eingestellt. Ein Sprung ins klare Wasser, einige Stunden Schlaf (die werden allerdings vom Kreischen der Möwen unterbrochen), und wir sind wieder fit.

Am Strand liegen bunte, von den Bewohnern der Insel selbstgebaute Fischerboote. Ich kann den Landgang kaum abwarten. Einheimische kommen in Holzbooten vorbeigerudert, um Limonen, Obst oder schwarze Koralle zu verkaufen. Frauen fragen, ob sie für ein geringes Entgelt unsere Wäsche waschen dürfen.

Irgendwann an diesem Morgen kommt auch Mister Lion, ein Rastafari, in seinem aufblasbaren Gummidingi vorbei. Ein Rasta-Mann im Gummiboot, das sieht zum Schießen aus! Lion lebt auf einer alten Jacht, die er vor Jahren einmal gegen "mehrere Unzen" Marihuana eingetauscht hatte. Er will natürlich auch mit uns Geschäfte machen. Mark gibt ihm außer einem alten Lautsprecher noch ein Paar alte Schuhe mit, und schon kurze Zeit später kommt er wie wild zurückgerudert mit der guten Nachricht, daß er alles verkauft habe.

Ich mache mich mit Conny auf, den Hauptort Port Elisabeth zu erkunden. Auf dem Dorfplatz sitzen die Rastas und verkaufen frisches Gemüse. Ein unerwarteter und für uns komischer Anblick. Bequia ist sehr trocken und unfruchtbar, daher muß alles Obst und Gemüse, auch das Trinkwasser, von der Nachbarinsel St. Vincent geholt werden. Aber nicht nur Frischzeug, auch feinstes Marihuana wird da mitten auf dem Dorfplatz gehandelt. Niemand unternimmt etwas dagegen, denn wären die Rastamänner weg, gäbe es auch kein Gemüse mehr. Schon auf Martinique hatte man mir von dieser seltsamen Insel erzählt, aber glauben kann ich es erst jetzt.

Auf unserem Nachbarboot lebt ein dicker, fetter, rotarschiger Pavian. Seine Besitzer haben ihn auf ihrer ersten Weltumseglung in Malaysia erworben, wo er darauf dressiert war, Kokosnüsse von den Palmen zu holen. Ein häßliches Geschöpf, das sich blendend mit dem verspielten Kätzchen versteht, das ebenfalls zur Besatzung gehört.

Jeden Morgen bringt uns Mister Lion frische Bananen, Mangos und andere exotische Früchte zum Frühstück. Unter seiner schwarz-rot-grün gestreiften Rastamütze trägt er nicht nur seine langen Locken, sondern auch eine Tüte voll Marihuana, und so gibt es zur Begrüßung auch immer einen kleinen Joint.

Nach fünf Tagen müssen wir weiter. Wir verabschieden uns von dem inzwischen vertrauten Freund Mister Lion, der für die verkauften Dinge, wie sollte es anders sein, mit einer Ration Marihuana bezahlt.

Weiter geht die Fahrt mit Superwind von hinten. So ganz seefest bin ich noch immer nicht. Am Abend kann ich schon wieder nichts essen. Ich verbringe nicht nur meine Ruderwache von sieben bis zehn Uhr draußen im Cockpit, sondern gleich die ganze Nacht.

Ein Navigationsfehler hat sich eingeschlichen. Mark als Navigator hat keine Ahnung mehr, wo wir uns befinden, und ich bin als totales Seglergreenhorn selbstverständlich keine Hilfe. Physisch bin ich wieder auf den Beinen und wage mich frohen Mutes hinter den Kochtopf.

Am Morgen des vierten Tages taucht am Horizont ein Segelboot auf. Wir vermuten, uns in der Nähe der venezoelanischen Küste zu befinden. In der Hoffnung an ein Ziel zu gelangen, nehmen wir die Verfolgung des Bootes auf. Hart am Wind, aber volle Fahrt voraus, nähern wir uns einer flachen Insel. Wir können nur annehmen, daß es sich um Los Roches, eine aus mehreren Inselchen und Korallenriffen bestehende Gruppe handelt.

Welch eine angenehme Überraschung erwartet uns. Wir sind eines der letzten menschenleeren, tropischen Paradiese angelaufen und ankern im strahlend türkisblauen Wasser der Lagune. Es fällt mir schwer zu begreifen, daß es solch ein Fleckchen Erde überhaupt noch gibt. Der weiße Sandstrand lockt, und schon bald laufen wir splitternackt über den puderzuckerfeinen, makellosen Untergrund.

Paradies in der Karibik, vermutlich Los Roches

Zwei Tage später segeln wir weiter, zu den holländischen Antillen. Leider wird meine gute Stimmung durch Marks Launen und Benehmen getrübt. Verschiedene Zwischenfälle bringen das Faß schließlich zum Überlaufen und ich beschließe, nicht auf der Tokolosh in den Pazifik zu segeln. Es tut mir leid wegen Conny, mit ihr verstehe ich mich ganz prima, aber unter diesen Umständen verzichte ich lieber. Vielleicht werde ich, wenn ich keine andere Jacht finde, ein Frachtschiff von Panama nach Neuseeland nehmen.
Wir laufen Bonaire, die zweitgrößte der 6 Inseln, die die Holländischen Antillen bilden, an, um die dort ansässige Flamingokolonie von 6.000 Exemplaren zu bewundern. Obwohl wir stundenlang auf ausgedörrten rosafarbenen Salzseen wandern, finden wir kaum ein Dutzend der im Reiseführer als Attraktion gepriesenen Flamingos.
Anschließend ankern wir für einen Tag draußen bei dem Inselchen Klein-Bonaire. Mit Taucherbrille und Schnorchel lernen wir die Unterwasserwelt kennen. Ein phantastisches Tauchgebiet! Direkt furchterregend wirken die verschiedenartigen, gewaltigen Korallenköpfe. Herrlich bunte Papageienfische und viele andere in allen Farben

leuchtende Fische haben hier ihr Revier. Bonaire ist mit einer Unterwassersichtweite von 40 Metern ein wahres Paradies für Taucher. Von offizieller Seite aus achtet man streng darauf, daß diese einmalige Unterwasserwelt erhalten bleibt. So wurden z.B. Anfang der 70er Jahre die diesbezüglichen Gesetze verschärft.
Das nur wenige Seemeilen entfernte Curaçao, eine weitere Insel der holländischen Antillen, ist unser nächstes Ziel. Bevor wir in Spaansche Water einlaufen, holt unser Skipper sich über Radio Informationen über die Wassertiefe der schmalen Einfahrt, die in die ruhige, von Mangroven und Felsklippen gesäumte Bucht führt.
Im Curaçao Jachtclub angekommen, nehme ich zunächst eine ausgiebige Süßwasserdusche. Für Fahrtensegler eine Seltenheit. Neben uns liegt die französische Jacht Degadao. Der Skipper ist körperbehindert und segelt mit zwei Freunden. Auch zu Hause in Paris lebt er auf seiner Jacht. Sie hat auf der Seine ihren festen Liegeplatz. Ein interessanter Mann, der meine ganze Achtung hat. Wir treffen uns mehrmals auf einen Drink im Clubhaus.
Ob es die Unstimmigkeiten mit Mark sind, oder die Einsamkeit auf See — ich spüre, daß ich während der letz-

Willemstad, Hauptstadt von Curaçao

ten Wochen unsicher und mißtrauisch geworden bin. — Hoffentlich wird sich dieser Zustand bald wieder ändern. Willemstad, die Hauptstadt der Insel Curaçao, erinnert an Holland. Um den Hafen stehen bunte Häuser wie an den Grachten von Amsterdam. Nur die zu 95 % schwarze Bevölkerung will nicht so recht in das europäische Bild passen.

Willemstad, Erinnerung an Holland

Es ist bereits dunkel, als die letzten Lichter Curaçaos am Horizont versinken. Ich bin froh, daß wir nun endlich nach Panama lossegeln. Je mehr Zeit ich verliere, desto geringer wird meine Chance, noch eine andere Jacht zu finden.

Meine Wache ist von sieben bis zehn. Nach einer Stunde geht der volle Mond direkt hinter dem Heck der Tokolosh auf. Conny wacht von dem grellen Licht auf, das ihr in die Augen scheint, und setzt sich eine Weile zu mir. Wir träumen und erzählen, obwohl die Gegenwart nicht schöner sein könnte, unsere "alten Geschichten" von der Südamerika-Reise.

Am dritten Tag wird trotz klarem Himmel und Sonnenschein die See sehr rauh. Eine Schlechtwetterfront muß sich in unserer Nähe befinden, denn manchmal schla-

gen Wellen ins Cockpit — meist wenn man gerade etwas Eßbares auf dem Teller hat. Nachts ist es besonders unangenehm, wenn Decke und Pullover klatschnaß sind und der Walkman in Salzwasser gebadet wird. Trotzdem fehlen auch die großartigen Momente nicht, die das Segeln zu einem einzigartigen Erlebnis machen. Momente, in denen ich eine Verbundenheit mit der Natur spüre, Wasser, Wind, Sonne und Sterne zum Greifen nahe sind. Manchmal denke ich: "Das schaffen wir nie", wenn sich eine riesige Welle hinter dem Heck aufbäumt, aber die Tokolosh hebt sich jedesmal und tanzt mit Leichtigkeit über die Berge von Wassermassen.
Marks Navigation scheint diesmal genauer zu sein. Anstatt den Blick ständig auf den Kompaß zu werfen, orientiere ich mich bei meinen nächtlichen Ruderwachen zur Kontrolle des Kurses am Kreuz des Südens. Ansonsten sind die vielen Sterne und Planeten noch ein einziges Rätsel, aber das möchte ich bald ändern.
Wir nähern uns dem Panamakanal. Beim Frühstück sichtet Conny ein Segelboot. Es ist eine Katch, d.h. ein Zweimaster, wobei der hintere kleine Mast vor dem Ruder steht. Mark versucht per Radio Kontakt aufzunehmen, aber es meldet sich niemand. Kurz darauf entdecken wir einen Frachter, der auch Richtung Colón, dem Hafen am Osteingang des Panamakanals, fährt. Nur noch 30 Seemeilen! Am späten Nachmittag werden wir dort sein.
Conny macht sich hübsch für den Landgang. Ich flechte ihr Haar in viele kleine Zöpfe. Das alles muß bei mir auf die Süßwasserdusche warten.
Gegen 13 Uhr kommt Land in Sicht, doch wir freuen uns zu früh. Nicht vor Dunkelheit erreichen wir die Hafeneinfahrt, wo wir uns unter Motor und Hauptsegel einen Weg vorbei an riesengroßen Frachtern aus aller Welt, an großen Lagerhallen und beleuchteten Hafengebäuden zu unserem Ankerplatz bahnen. Sofort besuchen uns Mitarbeiter der Kanalverwaltung, um die Papiere und die Crewliste zu kontrollieren.
Wir sind angenehm überrascht über die Ruhe hier am Kanal und beenden den Ostersonntag gemütlich bei ei-

nem Glas französischen Rotwein.
Conny und Mark sind sich nicht mehr so sicher, ob sie überhaupt noch in den Pazifik wollen. Von unserem freien Ankerplatz im Hafenbecken ziehen wir um an die Pier des geschützten Jachtclubs. Hier gibt es außerdem Süßwasserduschen und Waschmaschinen, die man gegen Zahlung einer Gebühr benutzen darf.
Wir sehen Jana mit ihrem alten Holzboot einlaufen, und fahren sofort mit dem Dingi zu ihr rüber. Die Arme ist fix und fertig. Vier Tage lang hat sie kein Auge zugetan. Der Sturm, von dem wir nur den starken Seegang abkriegten, hatte sie voll erwischt. Elf Tage ist sie von Martinique bis Panama unterwegs gewesen. Sie ist den Tränen nahe, als sie in einem langen Redeschwall, den keiner von uns zu unterbrechen wagt, alle Ängste der vergangenen Stunden von sich gibt. Eine Welle hatte sie übers Deck gespült, wobei ein Stück Knochen im Unterarm absplitterte. Ihr Körper ist noch immer mit blauen Flecken übersät. Ich habe den Eindruck, daß sie vom Alleinsegeln die Nase voll hat und hege leichte Hoffnung, mit ihr den Pazifik überqueren zu dürfen. Zwei Frauen, das stelle ich mir ganz toll vor. Das heißt, da ist ja auch noch Maia, Janas blinde Schäferhündin. Maia ist auf Martinique gedeckt worden und Jana hofft, mit dem Verkauf der reinrassigen Welpen einige Dollar zu verdienen.
Im Jachtclub höre ich mich am nächsten Tag dann aber doch nach einer anderen Mitsegelgelegenheit um. Denn Jana ist nach einem ausgiebigen Schlaf wieder erholt und mutig, und sie ist so überzeugt wie zuvor, doch alles alleine meistern zu können. Eine Frau, die ich aufrichtig bewundere.

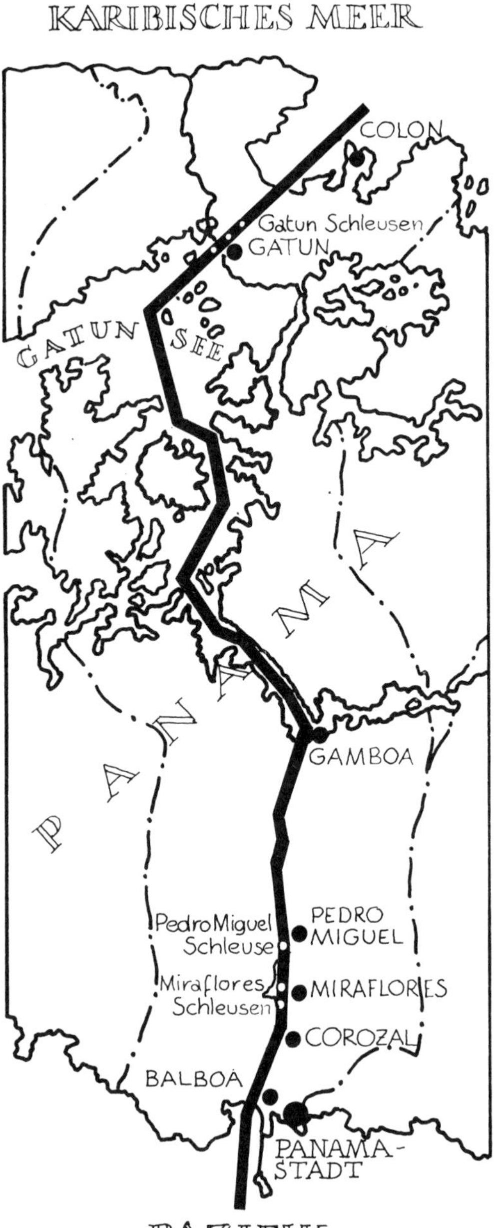
KARIBISCHES MEER
COLON
Gatun Schleusen
GATUN
GATUN SEE
PANAMA
GAMBOA
PEDRO MIGUEL
Pedro Miguel Schleuse
Miraflores Schleusen
MIRAFLORES
COROZAL
BALBOA
PANAMA-STADT
PAZIFIK

Passage des Panama-Kanals

Ich mache einen Stadtbummel durch Colón, die mit 70.000 Einwohnern zweitgrößte Stadt Panamas. Cuñafrauen von den San Blas Inseln, einer zu Panama gehörenden Inselgruppe im Atlantik, verkaufen in den Straßen von Colón ihre Handarbeiten, z.B. aus vielen bunten Stoffen zusammengesetzte Molas mit Fisch- oder Vogelmotiven, die die Cuñafrauen auch zum Herstellen von Blusen und Röcken verwenden. Ich kaufe mir zwei kleine Stücke, die ich lediglich als Wandbilder aufhängen möchte. Colón ist eine bunte Stadt, die mich trotz aller Warnungen begeistert. Wohl nicht zuletzt, weil dieses kleine Stück Lateinamerika Erinnerungen in mir weckt, die ich gerne wieder aufleben lasse.
Ich weiß von meiner Südamerika-Reise, wie man sich auf solchem Pflaster, wo Armut überall gegenwärtig ist, zu verhalten hat und wage mich sogar in die schmalen Straßen vor, wo alte zerfallene Holzbauten an eine verlassene Westernstadt erinnern. Daß ich nicht mit Kamera und dicker Geldbörse herumspaziere, ist angesichts der vielen Diebstähle selbstverständlich.
Mein Herumfragen und Kontakteknüpfen war nicht umsonst. Zwei Boote wollen mich als Crew an Bord nehmen. Die Dorcelle ist ein englisches Boot. Der Skipper Mitte siebzig, seine Freundin so um die fünfzig Jahre alt. Beide unheimlich gut drauf. Das andere Boot ist die Orca, eine französische 12-Meter-Sloop, d.h. eine einmastige Segeljacht.
Ich entscheide mich für letztere, da die Reise auf der Dorcelle wohl eher einem Familienausflug gleichkäme. Auf der Orca sind wir zu viert. Jean-Claude, der Skipper, ist Ende dreißig und Lehrer in Neu-Kaledonien. Er hat seine Jacht während einem verlängerten Ferienaufenthalt in Frankreich mit Freunden gebaut und ist nun dabei, sie so schnell wie möglich, bis Schulbeginn, nach Neu-Kaledonien zu segeln. Florence, einige Jahre älter

als ich, ist eine Arbeitskollegin und gute Freundin von ihm. Mit ihr verstehe ich mich auf Anhieb blendend. Dann ist da noch Greg, ein Amerikaner, Mitte 20. Er will nach Australien, weil er aufgrund seiner astrologischen Berechnungen auf dem Längen- und Breitengrad von Adelaide sein Glück finden soll.

Eine gute Mischung also. Der einzige Haken an der Sache ist: Jean-Claude muß so schnell wie möglich in Tahiti sein. Wenn machbar sogar ohne Zwischenstop. Daran kann ich leider nichts ändern. Ich bin nun mal auf andere angewiesen, und jede Crewposition hat ihre Vor- und Nachteile.

Ich verabschiede mich von Conny, packe mein Bündel und ziehe um auf die Orca. Florence und ich teilen die vordere Koje. Greg schläft im Mittelteil des Bootes auf der gepolsterten Sitzbank neben dem Tisch (je nach Schräglage auf der linken oder rechten Bank). Dort sind außerdem Kombüse und der Navigationstisch. Jean-Claude schläft in der hinteren und auf See ruhigsten Koje.

Florence und ich kümmern uns um die Einkäufe, während die Jungs sich in den Papierkrieg stürzen. Zum Glück erweist sich das Gerede über den Preis einer Passage des Panama-Kanals, das auch Jean-Claude beunruhigt hatte, als unwahr. Nicht mehrere tausend, sondern lediglich um die 200 Dollar kostet die Passage für eine Jacht mittlerer Größe, wie wir sie haben. Große Frachter zahlen allerdings bis zu 100.000 Dollar.

Bereits die Spanier hatten entdeckt, daß man an der Stelle, wo Panama nur 80 Kilometer breit und von Flußläufen durchzogen ist, einen Kanal bauen könnte, aber es fehlten ihnen die technischen Mittel. 1879 begannen dann die Franzosen mit dem Bau des Kanals vom Atlantik zum Pazifik. Die Pläne dafür waren von Ferdinand de Lesseps, dem Erbauer des Suez-Kanals. Zehn Jahre später jedoch, als erst die Hälfte der Strecke fertiggestellt war, mußten die Bauarbeiten abgebrochen werden. Zuviele Todesopfer hatte das Projekt gefordert, außerdem waren die Geldmittel aufgebraucht. Erst 1903 wurden die Arbeiten von den Vereinigten Staaten unter der Be-

dingung fortgesetzt, die gesamte Kontrolle über das Gebiet zu erhalten. Am 15. April 1914 passierte schließlich das erste Schiff, die amerikanische Ancón, den Panamakanal.
Inzwischen haben die USA die Kanalzone 1979 wieder an Panama zurückgegeben.
Für die Kanalpassage sind vier Leute Leinencrew, ein Skipper und ein Lotse vorgeschrieben. Letzterer wird von der Kanalgesellschaft gegen Entgelt zur Verfügung gestellt. Wir Jachties helfen uns gegenseitig, um keine fremden Leute anheuern zu müssen. Zwei junge Franzosen springen als Leinencrew bei uns ein.
Schon um 4 Uhr morgens kommt der Lotse an Bord. Jean-Claude ist aufgeregt, denn für kleine Jachten ist die Kanalpassage durch entstehende Turbulenzen in den Schleusen und in der Nähe monstergroßer Frachter nicht ganz ungefährlich.

Die Orca
mit einem
Riesenfrachter
in der Schleuse

Mit einem Frachter, dessen Namenszug auf dem Schiffsrumpf die Größe unserer Jacht hat, müssen wir in die Schleusenkammer. Die Arbeiter auf den neben uns aufragenden Schleusenmauern begrüßen uns mit lautem Pfeifen. Anscheinend sind Frauen hier im Kanal eine Seltenheit. Wir gehen in Deckung, als die schweren Wurfleinen von oben heruntergeflogen kommen. An ihnen machen wir unsere Leinen fest. Die Schleusentore schließen sich. Das Wasser steigt schnell und wir sind damit beschäftigt, die Leinen stramm zu halten, um dem Schiff Stabilität zu gewähren. Bloß nicht schlafen! — Das könnte das Ende bedeuten. In wenigen Minuten sind wir oben. Die Tore öffnen sich und wir motoren in die nächste Kammer.
Die ersten drei Schleusen des 80 Kilometer langen Kanals heben uns um 30 Meter, auf die Höhe des aufgestauten Gatún-Sees, des eigentlichen Kanals. Mit der allgemeinen Vorstellung eines Kanals hat dieser Teil der Passage nicht viel gemeinsam. Der weite See ist voll Inselchen, die mit dichter Vegetation bewachsen sind. Sie waren früher einmal die Gipfel einer Hügellandschaft. Florence und ich bereiten zunächst ein deftiges zweites Frühstück zu. Danach springen wir zum Abkühlen in den erfrischenden Süßwassersee und schwimmen eine Runde um unsere Jacht. Ein seltsamer Anblick, wenn dann plötzlich hinter einer mit Urwald bewachsenen Insel ein Tanker oder Frachter auftaucht.
Das letzte Drittel des Kanals ist der Gillard Cut, ein schmaler Durchstich mit 80 Meter hohen Wänden, dem seinerzeit wohl schwierigsten Bauabschnitt. Viele Sprengungen waren nötig, um diesen Abschnitt fertigzustellen. Vor einigen Jahren riß sich ein Tanker an diesen Felswänden die Seite auf und sank. Bisher konnte das Wrack noch nicht gehoben werden.
Nach sechs Stunden Fahrt erreichen wir die Schleusen, die uns wieder bergab bringen werden. Fast eine Stunde müssen wir vor dem Schleusentor auf einen Frachter warten, denn für uns alleine wird es nicht geöffnet. Ein japanisches Filmteam sorgt für Abwechslung: Eine hübsche Japanerin kommt an Bord und wir werden während

eines Gesprächs mit ihr gefilmt. Im Hintergrund passiert ein japanisches Frachtschiff.
Zwei Schleusen führen uns zu dem künstlich angelegten Miraflores-See hinab. Am Südende des kleinen Sees kommen nochmals zwei Schleusen, die uns schließlich auf die Höhe des Pazifiks hinabbringen. Wir passieren die Kais von Balboa und fahren unter der fast 2000 Meter langen Brücke hindurch, die die beiden amerikanischen Kontinente miteinander verbindet, der Puente de las Américas. Im Balboa Jachtclub machen wir die Orca an einer Boje fest. Wegen des starken Gezeitenstroms verbietet eine Bestimmung der Kanalgesellschaft, Dingis aufs Wasser zu lassen; also müssen wir auf die Barkasse des Jachtclubs warten, um an Land gehen zu können.
Wir fahren noch am gleichen Abend mit dem Bus zurück nach Colón, übernachten dort auf der Jacht der hilfsbereiten Franzosen, um am nächsten Tag deren Boot durch den Kanal zu bringen.
Auch die zweite Passage verläuft problemlos. Im Balboa Jachtclub gibt es danach noch ein letztes Abendessen, dann bahnen wir uns noch vor Mitternacht den Weg durch die vielen Bojen und Orientierungslichter aus der Kanalzone heraus aufs offene Meer.

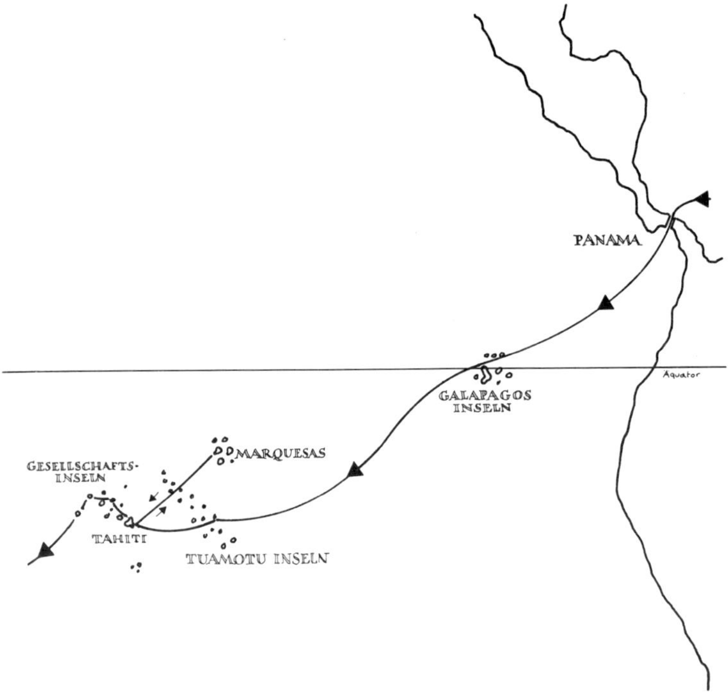
PANAMA
Äquator
GALAPAGOS INSELN
MARQUESAS
GESELLSCHAFTS-INSELN
TAHITI
TUAMOTU INSELN

Endloser Pazifik

Es ist Wirklichkeit geworden! Ich befinde mich auf einer Segeljacht, um den Pazifik zu überqueren und auf diesem Weg nach Polynesien zu gelangen. Mit den Leuten auf der Orca verstehe ich mich prima. Wir reden viel, lernen uns kennen und keiner gibt dem anderen ein Gefühl von Unerwünschtsein, wie ich das auf der Tokolosh so oft gespürt habe. Für Jean-Claude bedeutet seine Jacht nicht die gesamte Existenz. Er ist wesentlich lockerer als mein vorheriger Skipper; für ihn ist es lediglich ein teures Hobby, das ihm viel Spaß macht. Er lehrt mich den Sextanten zu handhaben, Segel zu setzen und zu navigieren. Schon zu Hause in Deutschland hatte ich mir theoretische Kenntnisse darüber angelesen, wie man mit Hilfe von Sonne, Mond und Sternen einen Standort bestimmt.

Das Meer ist inzwischen schon so warm, daß selbst die Salzwasserdusche aus dem Eimer kaum noch Abkühlung bringt. Süßwasser ist streng rationiert und wird nur zum Kochen und Zähneputzen verwendet. Wir rechnen mit fünf bis sechs Wochen, bevor wir wieder Frischwasser tanken können. Bei einer Durchschnittsgeschwindigkeit von etwa 110 Seemeilen pro Tag sind wir auf der 4.000 Seemeilen langen Strecke von Panama bis Tahiti ungefähr 35 bis 40 Tage auf See.

Für die Nachtwachen haben wir ein Nachrückverfahren ausgemacht. Drei Leute wachen insgesamt neun Stunden, der Vierte darf eine Nacht durchschlafen. In der zweiten Nacht weckt Greg mich um 5 Uhr GMT. Greenwich Meantime ist die mittlere Greenwichzeit, mit der in der gesamten astronomischen Navigation gearbeitet wird. Nach der Weltzeituhr ist sie eine Stunde vor unserer mitteleuropäischen Zeit. Als Vereinfachung läuft unser Leben an Bord ebenfalls nach GMT ab. Ich habe eine ruhige Wache. So ruhig, daß ich den Motor anschalte und sämtliche Segel runternehmen muß, da sie nur noch

lustlos hin- und herschlagen.
Ganze vier Tage sitzen wir in der Flaute. Das Meer ist glatt wie ein See! Florence und ich springen ins Wasser, um einige Runden zu schwimmen, doch nachdem kurze Zeit später zwei Haie neugierig neben dem Boot auftauchen, beschließen wir, in Zukunft die Dusche aus dem Eimer vorzuziehen.
Mit Florence lege ich täglich eine Gymnastikstunde ein, denn an Bord hat man kaum Bewegung. Lediglich die Armmuskeln werden strapaziert. Eine schönere Kulisse als das Meer mit den sich leicht kräuselnden Wellen und den herrlichen Sonnenuntergängen kann ich mir für meine Gymnastikstunden nicht vorstellen.
Greg ist ein etwas seltsamer Bursche. Nur wenn es unbedingt sein muß, kommt er an Deck. Die meiste Zeit verbringt er unten in der Kajüte bei seinen astrologischen Büchern, um sein Schicksal zu errechnen. Auch meine Daten werden in dreitägiger Arbeit ausgewertet, und er glaubt, meine gesamte Persönlichkeit nun auf einem DIN A4-Blatt festzuhalten. Scheinbar ist das Ergebnis positiv, denn bei der nächsten Nachtwache sitzt er noch lange bei mir im Cockpit. Zögernd legt er den Arm um meine Schulter und macht erste Annäherungsversuche. Nein danke! Da ist nichts zu machen. Das erkläre ich ihm von Anfang an.
Der Wind hat wieder zugenommen und wir setzen Hauptsegel und Genua (großes Vorsegel). Hart am Wind nähern wir uns den Galapagos-Inseln. Als ich am Morgen des achten Tages aufwache, kann ich die Umrisse einer Insel erkennen. Es ist Genovesa, wie die anderen mir mitteilen, eine der nördlichsten der Galapagos-Inseln.
Keine Menschenseele weit und breit, als wir in die Darwin Bucht von Genovesa einlaufen. Fregattvögel mit dick aufgeblähten roten Kehlen kleben an den Felswänden. Bei dem kleinen Sandstrand können wir wegen der geringen Wassertiefe nicht ankern, also bleiben wir vor den Felsklippen. Ich will unbedingt an Land, um noch einmal ein Stück dieser einzigartigen Tierwelt erleben zu können. Aber Jean-Claude hat keine Lust, für nur weni-

ge Stunden das Dingi aufs Wasser zu lassen, und mir bleibt nichts anderes übrig, als an Land zu schwimmen. Die Kamera habe ich in ein T-Shirt, vier Plastiktüten und eine Schüssel gepackt, die ich auf dem Wasser neben mir herziehe. Da ich von den Wellen auf die Felsen gespült werde, erlebe ich eine rauhe Landung, aber mit meinen Riffschuhen aus Gummi finde ich schnell einen Halt.
Flo hat Angst vor Haien und kommt nicht eher, bis Jean-Claude mit Taucherbrille die Gegend sondiert hat. Über Felsen klettern wir auf die Insel, wo neben Fregattvögeln auch Rotfußtölpel und Gabelschwanzmöwen ihre Brutstätte haben. Auch die handgroßen, roten Krebse kenne ich noch von meinem früheren Besuch. Wasserleguane schauen uns mit verständnislosem Blick an.

Wasserleguane

Gerade als wir großen Spaß an unserer Entdeckungstour finden, sehen wir Jean-Claude auf der Jacht verzweifelt mit den Armen fuchteln. Nochmals verpacke ich sorgfältig meine Kamera und steige durch die Brandung. Der Anker hat in dem feinen Sandboden nicht gehalten und wir müssen weitersegeln. Schade, ich hätte gerne noch mehr von der Insel gesehen.

Am nächsten Morgen erinnern außer einigen Seelöwen und Wasserschildkröten nur noch die im Dunst der Ferne erkennbaren Vulkane der Insel Isabella an die Nähe des Galapagos-Archipels. Von nun an halten wir direkten Kurs auf Tahiti!

So langsam kommt Routine in das Leben an Bord. Ich habe mich inzwischen auch an das Fehlen der Toilette gewöhnt und es macht mir nichts mehr aus, meinen Allerwertesten über die Reling zu hängen, wenn drei Leute im Cockpit sitzen. Nackt sind wir sowieso alle. Auch mit dem Fortbewegen im fünf-Punkte-System — zwei Hände, zwei Füße, ein Hintern — habe ich mich abgefunden. Bei starkem Seegang schnalle ich mich mit einem Gurt vor den Bordkocher, um die Hände zum Arbeiten frei zu haben.

An Gregs Kochtag gibt es Sandwich mit Schinken, Mayonnaise und Tomaten. Er ist ein typischer Amerikaner. Flo und ich beschließen, den Jungs von nun an das Abwaschen zu überlassen und widmen uns selber dem Kochen. Oft gibt es frischen Thunfisch oder Dorade, denn die Angelleinen sind ständig ausgerollt. Direkt aus dem Meer in die Pfanne. Hmm! Nur beim Auseinandernehmen muß ich mich verdrücken. Schon allein der Geruch des toten Fisches widert mich an. Leider ist die Gasflasche des Kochers bald leer und Jean-Claude stellt lapidar fest: "Es ist das einzige, woran ich in Panama nicht gedacht habe." Kann ja heiter werden! Die kleine Reserveflasche wird vielleicht noch für ein bis zwei Wochen reichen, aber danach sehen wir alt aus.

Ich halte gerade eine Siesta an Deck, um an meiner nahtlosen Bräune zu arbeiten, als Flo mit lautem Freudengeschrei zu erkennen gibt, daß sie Delphine sieht. Verschlafen setze ich mich auf, etwas verwundert über ihre Reaktion. Da sehe ich, daß es sich nicht um einige, sondern um hunderte von Delphinen handelt. Übermütig springen sie bis zu mehreren Metern aus den Wellen. Es ist ein ohrenbetäubendes Geplätscher und wir schätzen die Zahl auf vier- bis fünfhundert. Wahrscheinlich befinden sie sich auf Beutejagd. Es ist ein großes Vergnügen, ihnen zuzuschauen.

Am zehnten Tag überqueren wir den Äquator. Die Äquatortaufe nehmen wir mit einer Flasche Rotwein vor, die Jean-Claude noch von seinem Frankreich-Besuch übrig hat. Da es tagsüber zu heiß ist, trinken wir den guten Tropfen bei Sonnenuntergang. An jedem Tag bleibt um diese Zeit an Bord alles stehen und liegen. Wir sitzen zusammen an Deck und genießen die verzauberte Stunde, die uns allen heilig ist.
Obwohl mir das Aufstehen schwer fällt, liebe ich meine Nachtwachen. Dann sitze ich mit einer Taschenlampe und einem Buch über Sterne und Planeten im Cockpit und studiere das Firmament. Schon bald kenne ich mich so gut aus, daß ich die Konstellationen, die auf unserem Breitengrad in Äquatornähe zu sehen sind, leicht erkennen kann. Auf dem endlos erscheinenden, bis an den Horizont reichenden Meer wird mir meine eigene Winzigkeit bewußt. Auch die Notwendigkeit, friedlich mit der Natur zu leben, und nicht gegen sie zu kämpfen.
Der Wind, das Wasser, die Sterne, ich fühle mich alldem sehr nahe. Es ist dieses befriedigende Gefühl von Zweisamkeit mit der Natur, das ich immer wieder suche. Fernab von Kriegen, Umweltverschmutzung und Bomben könnte man glauben, in einer heilen Welt zu leben.

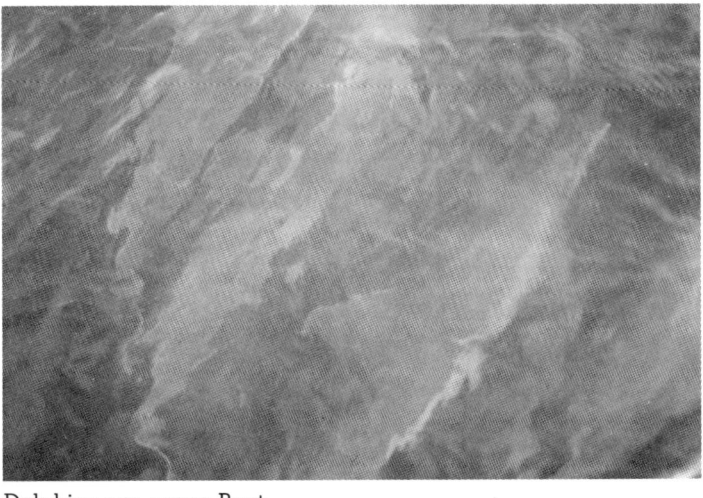

Delphine um unser Boot

Einen der Hauptgründe, warum es mich immer wieder hinaus in die Ferne zieht, um die Welt kennenzulernen, hat der norwegische Forscher Thor Heyerdahl in seinem Buch "Fatu Hiva — Zurück zur Natur" so treffend beschrieben, daß ich mir erlaube, an dieser Stelle ein Zitat aus seinem Buch zu bringen, das ich während der Tage auf See lese:
"Wir sehen im Fortschritt gerne den Kampf des modernen Menschen, für mehr Menschen bessere Lebensbedingungen zu schaffen, mehr und bessere Nahrung, wärmere Kleidung und bessere Wohnungen für die Armen, mehr Medizin und Krankenhäuser für die Kranken, zunehmende Sicherheit vor dem Krieg, weniger Korruption und Verbrechen, kurz, ein glücklicheres Leben für jung und alt. Aber Fortschritt bedeutet, wie sich herausgestellt hat, weit mehr. Es ist Fortschritt, wenn die Waffen so verbessert werden, daß sie mehr Menschen auf weitere Entfernung töten können. Es ist Fortschritt, wenn ein kleiner Mann zum Riesen wird, weil er auf einen Knopf drücken und die Welt in die Luft jagen kann. Es ist Fortschritt, wenn der Mann auf der Straße aufhören kann zu denken und zu schaffen, weil all seine Probleme von anderen gelöst werden, die ihm zeigen was passiert, wenn er einen Schalter dreht. Wenn Menschen so spezialisiert sind, daß sie fast alles von fast nichts mehr wissen. Es ist auch Fortschritt, wenn die Wirklichkeit so stumpfsinnig wird, daß wir nur noch leben, um dazusitzen und in einen Kasten zu starren, aus dem Unterhaltung kommt. Wenn eine Pille erfunden wird, um den Schaden zu kurieren, den eine andere Pille hervorgerufen hat, und wenn die Krankenhäuser wie Pilze aus dem Boden schießen, weil unsere Köpfe überarbeitet und unsere Körper unterentwickelt, unsere Herzen leer und unsere Eingeweide mit Dingen gefüllt sind, für die eine raffinierte Werbung betrieben wird. Es ist Fortschritt, wenn ein Bauer seine Harke und ein Fischer sein Netz im Stich läßt, um an dem Tag ans laufende Band zu treten, an dem das Kornfeld an die Industrie verpachtet und der Lachsfluß als Abwasserkanal gebraucht wird. Es ist Fortschritt, wenn Großstädte größer und Felder und

Wälder kleiner werden, bis immer mehr Menschen immer mehr Zeit in U-Bahnen und Autoschlangen verbringen und bei Tage Neonlampen brennen müssen, weil die Gebäude nach dem Himmel greifen und Männer und Frauen zu Zwergen in Schluchten machen, wo sie hupend dahinfahren und ihre Säuglinge Auspuffgase einatmen lassen. Wenn Kinder einen Bürgersteig statt einer Wiese zum Spielen bekommen, wenn Blumenduft und der Anblick von Bergen und Wäldern von Klima-Anlagen und einem Blick über die Straße ersetzt werden. Es ist Fortschritt, wenn eine tausendjährige Eiche gefällt wird, um Platz zu schaffen für ein Verkehrsschild." Thor Heyerdahl hat schon vor 50 Jahren versucht, vor der Zivilisation zu flüchten, und lebte für ein Jahr mit seiner Frau auf Fatu Hiva, einer kleinen Insel in den Marquesas. Leider mußte er schon damals feststellen, daß man das Rad der Zeit nicht zurückdrehen kann.

An unserem 12. Tag auf See regnet es, als Greg mich in den frühen Morgenstunden weckt. Er kocht mir einen heißen, duftenden Kaffee und leistet mir noch eine halbe Stunde Gesellschaft, bis ich völlig wach bin. Ich habe geträumt; einer meiner typischen Träume, die auf Reisen immer wiederkehren: Ich befand mich zu Hause, wohin ich eigentlich nur für einige Tage wollte, dann aber durch einen unglücklichen Zufall bleiben mußte. Viele meiner reisenden Freunde kennen diesen Traum und dieses Gefühl. Leichtes Heimweh gibt einem das Verlangen, für einige Tage bei der Familie zu sein, aber im Unterbewußtsein weiß man genau, daß man diesen Entschluß bald bereuen würde.
Schon am Morgen haben wir eine Dorade an der Leine, die es als "Salade Tahitienne" zum Mittagessen gibt. Bei diesem Rezept wird das rohe Filet in kleine Stücke geschnitten und lediglich mit Zitronensaft gegart. Nach etwa einer Stunde würzt man den Fisch mit etwas Salz und Pfeffer, gibt feingehackte Zwiebeln dazu und eventuell fein geschnittene Tomaten — fertig ist ein leckerer Fischsalat. Eine der unzähligen Zubereitungsmöglichkeiten von frischem Fisch, von denen jeder Segler einige

auf Lager hat, um sie bei günstiger Gelegenheit zum Besten zu geben. Das Austauschen der Rezepte ist in Seglerkreisen ein ergiebiges Gesprächsthema. Mein Lieblingsrezept ist Fisch in einer Kokos-Curry-Sauce: Dazu raspele ich frische Kokosnuß — die gibt es im Pazifik auf jeder Insel — und presse die etwas zähflüssige Kokosmilch heraus. Ich dünste eine feingehackte Zwiebel, gebe die Milch dazu, würze mit Salz, Pfeffer und viel Curry und gieße die Sauce über die in einer Pfanne gebratenen frischen Fischfiletstücke. Mit diesem Gericht konnte ich mir schon viele Komplimente einheimsen.
Ein Schwertfisch stattet uns seinen Besuch ab. Diese Tiere kommen normalerweise nur selten an die Oberfläche, aber wir haben das Glück, ein etwa 3 Meter langes Exemplar aus nächster Nähe beobachten zu können.
Obwohl Greg sich tagelang nur mit seinen astrologischen Berechnungen beschäftigt und nicht das geringste Interesse am Bordleben zeigt, traut Jean-Claude ihm mehr zu als uns Frauen. Sei es nun beim Setzen der Segel oder beim Berechnen der Standlinie. Selten habe ich soviel männliche Überheblichkeit gespürt, wie in der Seefahrt. Florence und ich, wir sind eben "nur" Frauen, und man kann offensichtlich ein seit Jahrhunderten bestehendes Weltbild auf See noch langsamer verändern als an Land.
Der folgende Tag verläuft in geruhsamen Bahnen. Einziger Zwischenfall ist eine vorbeitreibende Holzkiste. Bis sie außer Sicht ist, stehen wir mit dem Fernglas an Deck. Eine willkommene Abwechslung. Zu schade, daß die Kiste in so großer Entfernung vorbeigetrieben ist. Wir hätten gerne unsere Neugier befriedigt und nach einem aufregenden Inhalt gesucht.
Wir segeln am Rande der Doldrums, der Flautenzone um den Äquator, steuern allerdings immer mehr auf südlichem Kurs, um genügend Wind zu finden. So passiert es auch, daß wir letztendlich zu südlich sind, um noch die Marquesas anzulaufen. Schade! Jean-Claude läßt sich nicht überreden, und obwohl Flo und ich auf den Nachtwachen heimlich den Kurs um wenige Grad nach Norden ändern, bleibt es dabei.

Ein Regentag bietet Gelegenheit, sämtliche Kleider, d.h. Handtücher und T-Shirts, in frischem Wasser zu waschen. Viel trägt man ja auf See sowieso nie. Rostflecken, die beim Trocknen auf der Reling an den Stoffen entstehen, sind ein unverkennbares Merkmal der Kleidung von Fahrtenseglern. Wir nutzen den Regenguß außerdem für eine ausgiebige Dusche, und weil wir nun schonmal bei der Körperpflege sind, tragen Flo und ich auch noch eine Gesichtsmaske auf. Die Haut leidet sehr unter der anhaltenden und starken Sonneneinstrahlung und dem ständigen Kontakt mit Salzwasser.
Ich habe diese Nacht keine Wache und gehe zeitig schlafen. Gegen 7 Uhr GMT werde ich von Florence geweckt: "Ein Licht, Gabi, da vorne ist ein Licht!" Ein Blick aus der Lucke, und ich kann das Licht, nicht weit von uns entfernt, erkennen. Etwa ein Boot? Es ist schon verhältnismäßig nah, nicht sehr groß, und bewegt sich langsam mit den Wellen. Schnell klettern wir ins Cockpit. Bei dem Gedanken, es könnte eine Rettungsinsel sein — jede Jacht hat eine aufblasbare Rettungsinsel — überläuft mich ein kalter Schauder.
Die Jungs holen die Segel runter, und wir nähern uns unter Motor. Es ist eine kühle Nacht mit starkem Seegang. Zu allem Übel fängt es auch noch an zu regnen. Mit zitternden Knien sitzen Flo und ich Hand in Hand am Ruder. Vor meinen Augen läuft das ganze Drama eines Schiffbruchs ab und ich sehe mich schon einer Leiche gegenüber. Da plötzlich sehe ich einen Kopf aus dem Wasser ragen. Ein vorgestreckter Arm hält in der Hand ein Licht. Wieder überläuft es mich. Wir sind nur noch wenige Meter entfernt, als Jean-Claude aus dem Bugkorb schreit: "Eine Boje! Ein Fischerboot hat seine Boje verloren!" Mir scheint das Ganze recht unwahrscheinlich, wo wir uns doch mitten auf dem Pazifischen Ozean befinden. Aber bald kann ich mich selbst überzeugen. Der aus dem Wasser ragende Kopf ist eine Boje und der Arm die Befestigung der Lampe. Mir fällt ein Stein vom Herzen.
So ganz geheuer ist mir die Sache noch immer nicht, denn die Boje ist mit einer Leine verbunden. Wir holen

das Ding mit dem Bootshaken an Bord und Jean-Claude schneidet es kurzerhand von der Leine ab. Er ist froh mit den rostfreien Stahlteilen und der 6-Volt-Batterie.
Da taucht auch schon die nächste Boje auf. Nochmals nähern wir uns. Diesmal ist es eine größere Boje. Wir holen den Feldstecher hervor und erkennen bei genauem Hinschauen, was es wirklich ist. Ein Schiff! Ein japanisches Hochseefischerschiff. Und wir haben denen die Boje vom Netz geklaut. Oh je! Nun aber nichts wie weg, Segel rauf und volle Fahrt voraus. Eine aufregende Nacht.
Nun ist auch die kleine Gasflasche leer. Zum Glück hat Greg einen Campingkocher dabei, den man mit Kerosin und Benzin in Gang setzen kann. Den installieren wir auf unseren beweglichen Bordkocher, der sich dem Schaukeln der Jacht anpaßt, da sonst kein Essen im Topf bleiben würde. Das Kochen ist von nun an wesentlich problematischer. Einerseits, weil nur eine Flamme da ist, andererseits, weil jeweils einer den Kochtopf festhalten muß, da die beiden Spangen zur Halterung nun nicht mehr passen. Wir kochen jetzt nur noch einmal am Tag, da alles andere uns zuviel Aufwand ist.
Am 26. Tag auf See halte ich morgens die letzte Nachtwache und fange noch bei Dunkelheit an, mit den letzten Krümmeln Mehl und Haferflocken Pfannkuchen zu backen. Es ist Jean-Claudes Geburtstag und ich koche ausnahmsweise auch einmal einen Filterkaffee.
Unser Nahrungsmittelvorrat geht zur Neige, und Flo und ich sind beim Kochen schon sehr am Improvisieren. Es ist nun beschlossene Sache, daß wir Hao, eine Insel in den Tuamotus anlaufen werden.
Aber warum gerade Hao? — Warum gerade einen Militärstützpunkt? — Mururoa, das Atoll, auf dem die Franzosen seit vielen Jahren ihre Atombombenversuche machen, liegt nicht allzuweit entfernt. Wer weiß, was so alles auf Hao passiert. Ich hätte die Marquesas wirklich vorgezogen.
Greg ist am Abend von zwei Gläsern Punch so durcheinander, daß er sich schlafen legt, obwohl es seine Wache ist. Als ich nachts aufstehe, überrascht mich die auf ei-

nem Teller in der Kombüse liegende Dorade mit ihrer leuchtenden Fluoreszenz. Obwohl der Fisch schon seit mehreren Stunden tot ist, leuchtet er noch immer in strahlendem Gelb und Grün.
Ich schlafe schon seit zwei Tagen sehr schlecht. An die bewegte See müßte ich mich eigentlich inzwischen gewöhnt haben. Wahrscheinlich ist es die Erwartung, in wenigen Tagen mal wieder Land unter die Füße zu bekommen.
Wir spielen ausnahmsweise das Bordleben mit vertauschten Rollen. Florence und ich beschäftigen uns den ganzen Tag mit Männerarbeiten: Navigation, Segel setzen etc. Die Jungs dürfen in der Kombüse schwitzen. Ausgerechnet an diesem Tag haben wir einen Fisch an der Leine, wo doch tagelang keiner angebissen hat. Nach Gregs mehrmaligem Hinweis, das Putzen falle in den männlichen Bereich, macht Flo sich daran, die Filets zu schneiden. Die "haute cuisine" der Männer beschränkt sich allerdings auf eine Dose Spinat mit Reis am Mittag und Fisch mit Reis am Abend. Bei der Vorratssituation an Bord können wir es den beiden nicht einmal ankreiden.
Meine Vorfreude, bald an Land zu sein, steigert sich immer mehr. Zumal nun auch Gregs Campingkocher den Geist aufgegeben hat und die Mahlzeiten keine angenehme Abwechslung mehr bieten. Eventuell wollen wir schon eine nördlich von Hao gelegene Perlenzuchtinsel anlaufen.

35. Tag auf See: Die Perlenzuchtinsel haben wir verpaßt, aber es sind nur noch wenige Meilen bis Hao. Schon früh morgens weckt uns Jean-Claude mittels donnerndem Getrampel an Deck. Er hat Hao am Horizont ausgemacht. Noch liegt die Insel einige Stunden entfernt, aber mit dem Fernglas kann man schon die ersten Palmen erkennen. Was wir danach sehen, ist weniger erfreulich: große Gebäude, die wie Klötze aus dem Boden ragen. Lagerhallen des Militärs. Warum hat Jean-Claude auch das Feingefühl, inmitten hunderter paradiesischer Inseln eine Militärinsel auszuwählen?

In meinem Reiseführer, dem Südsee-Handbuch, lese ich: "Die Nachschubbasis auf Hao erlaubt es den Franzosen, nukleares Material unkontrolliert direkt in die Versuchsgebiete zu schaffen (...) Erst kürzlich ereigneten sich wieder schwerwiegende Zwischenfälle auf dem Mururoa Atoll, gefolgt von einem gut abgestimmten 'Überdeckungsmaterial' der französischen Behörden."
Der Wind legt sich, schläft schließlich völlig ein, und wir müssen bis zur Einfahrt durch das Riff im Norden motoren. Die Fahrt durch den schmalen Paß in die ruhige Lagune klappt bei einlaufender Strömung prima. Wir werfen Anker vor dem kleinen Dorf.
Sogleich kommen zwei Soldaten im Motorboot angebraust. "Wissen Sie überhaupt, daß Sie sich in militärischem Sperrgebiet befinden?", sind die Begrüßungsworte des entrüsteten Mannes in Uniform. "Schon seit heute morgen versuchen wir, sie über Radio zu erreichen!" Kein Wunder, daß sie keinen Kontakt bekamen. Die Orca besitzt überhaupt kein Radio.
Zunächst müssen wir alle mit an Land, wo wir dem obersten General (oder was auch immer er ist) vorgeführt werden. Doch schon nach einigen Worten des Tadels wandelt sich das Verhalten der Soldaten in Freude über die willkommene Abwechslung und man verwöhnt uns mit kalten Erfrischungsgetränken und Zigaretten. Selbst der Gendarm, der ebenfalls begeisterter Segler ist, ist von dem seltenen Besuch angetan und stellt uns sein Badezimmer mit der heißbegehrten Süßwasserdusche zur Verfügung.
Beim Gang durch das ein Jahr zuvor von einem Hurrikan verwüstete Dorf bleibt die polynesische Bevölkerung an den Wegen stehen und schüttelt uns zur Begrüßung die Hände. Die Frauen und Mädchen tragen Pareus, und die langen, schwarzen Haare und schwingenden Hüften erinnern an Photos aus Reisebüchern.
Die kleinen Häuser der Inselbewohner sind zum Teil wieder neu errichtet worden, zum Teil sind die Spuren des Hurrikans aber noch deutlich erkennbar. Hao ist flach, wie alle Atolle, und nur wenige Palmen und Büsche sind seit der Naturkatastrophe gewachsen.

Auf Hao, dem französischen Militärstützpunkt

Zu unserer Freude beschließt Jean-Claude, erst am kommenden Tag weiterzureisen. Am Abend besuchen uns einige Soldaten an Bord und bringen frisches Brot, Camembert und Früchte mit. Trinkwasser haben wir schon am Nachmittag geholt. Wir plaudern mit den jungen Franzosen, die schon lange ihren Entschluß bereuen, ihren Militärdienst in der Südsee zu absolvieren.
Zum Frühstück bringt man uns erneut einige Lebensmittel aus der Kantine. Anschließend besorgen wir das Gas im Dorf. Es ist Himmelfahrt und die Dorfbewohner strömen in die Kirche. Ich bleibe einige Minuten stehen, um dem schönen Gesang der Polynesier zuzuhören, muß aber dann schnell zurück zur Orca, denn unser Skipper wartet, um pünktlich auszulaufen.
Noch 600 Seemeilen bis Tahiti. Der General hat uns eine Sondererlaubnis zum Passieren der militärischen Zone ausgestellt.

Leider ist der Wind nicht auf unserer Seite, und erst nach vier Tagen auf See können wir Tahiti am Horizont erkennen. Gegen Mittag erreichen wir eine dichte Wolkenwand. Es regnet in Strömen und "Josef", die elektronische Selbststeueranlage, schafft es nicht mehr, das Boot auf Kurs zu halten. Abwechselnd übernehmen wir das Ruder.
Zwei ausgewachsene Doraden haben angebissen und wir schließen sogar den Kühlschrank an die neue Gasflasche an, da wir soviel Fisch auf einmal nicht essen können. Flo und ich kochen zwei große Töpfe mit Fischgerichten. Gegen 22 Uhr können wir die ersten Lichter von Tahiti ausmachen. Langsam nähern wir uns Papeete, der Hauptstadt Französisch-Polynesiens, und kurz nach Mitternacht liegen wir endlich fest vertäut zwischen den vielen anderen Fahrtenjachten aus aller Welt am Kai.
Nun aber nichts wie rein in die Klamotten, Rouge, Wimperntusche und Lippenstift auftragen und ab in die Stadt. Es sind kaum noch Menschen unterwegs. Flo kann es nicht abwarten, sich ein Päckchen Zigaretten zu besorgen. Der Verkäufer ist ein Transvestit. Wie ich von Flo erfahre, die wenige Monate vorher schon für einige Wochen im Land war, wird Homosexualität ohne großes Wenn und Aber akzeptiert.
Wir trinken ein Bier in einer kleinen Hafenkneipe und spazieren entlang der Uferpromenade, ständig darauf bedacht, Greg zu entkommen, der uns auf Schritt und Tritt folgt. Das mag vielleicht gehässig klingen, aber nach 40 Tagen auf einem 12-Meter-Boot lassen sich kleine Reibereien nicht vermeiden, und so will ich Greg wenigstens die ersten Stunden an Land nicht sehen.
Schon früh am nächsten Morgen wache ich auf und schaue aus meiner Luke. Alles ist grün! Auf einem grünen Teppich blühen bunte Blumen. Gleich hinter dem schmalen Häuserstreifen erheben sich die steil aufragenden, schroffen Berge, deren bizarre Gipfel sich mehr als tausend Meter hoch gegen den Himmel strecken. Das also ist Tahiti! Mir erscheint es so, als ob man ein Stück aus den Anden herausgetrennt hat, um es hier,

mitten im Pazifik, wieder abzusetzen. Ebenso deutlich wie der Wechsel fürs Auge ist der Wechsel für die Nase. Es riecht nach Land, Bäumen, Häusern und Menschen. Ich rieche die feuchte Erde nach dem Regen der Nacht. Sofort nach dem Frühstück ziehen wir los, um mit der Zollbehörde den Papierkram zu erledigen. Bis zum letzten Moment habe ich gehofft, das Vorzeigen einer bestimmten Geldsumme würde genügen, um eine Einreisegenehmigung zu erhalten. Leider ist das nicht der Fall. Um von Jean-Claudes Crewliste runterzukommen, muß ich 5.000 DM hinterlegen. Es ist der Betrag, den ich im Notfall brauche, um einen Linienflug nach Deutschland zu bezahlen. Meine gesamte Barschaft!

Florence hat ein Flugticket von Tahiti nach Neu-Kaledonien und muß aus diesem Grund kein Geld hinterlegen. Greg, der Amerikaner, bleibt an Bord.

Nun bin ich total pleite und kann die nächsten Wochen auf eine Telexüberweisung aus Deutschland warten. Ich telefoniere mit meinen Eltern, um das Telex in die Wege zu leiten. Sie sind außer sich vor Freude, daß ich endlich wieder festen Boden unter den Füßen habe. Ich schreie dermaßen ins Telefon, daß die Postkunden aufmerksam werden und mich schmunzelnd betrachten, als ich mit leicht verheulten Augen aus der Zelle komme.

Wieder einmal erlebe ich, wie großzügig manche Menschen doch sind. Florence hat Mitleid mit mir und streckt mir 2.000 DM vor, damit ich mit dem nächsten Kopraschoner hinauf zu den Marquesas kann und nicht erst auf meine Überweisung warten muß.

Wir sind den ganzen Tag in der Stadt unterwegs. Ein Bekannter von Flo, Philippe Xavier, Leiter einer Zweigstelle der Bank Indio Suez, lädt uns für den Abend zum Essen ein. Bei ihm zu Hause in Punaavia, einem Vorort von Papeete, werden wir von seiner Frau Odile, einer Chinesin, verwöhnt.

Viele Chinesen leben in Französisch-Polynesien. Es sind Geschäftsleute und sie beherrschen den gesamten Handel. Daneben sind selbstverständlich die Franzosen stark vertreten, die Verwaltung, Schulen und Krankenhäuser unter sich haben. Die ärmsten Menschen sind

die Polynesier selbst. Sie erledigen alle niederen Arbeiten, leben vom Obst- und Gemüseanbau und dem Verkauf von Handarbeiten an Touristen.
Das Essen ist ein Volltreffer und wir alle fühlen uns in dieser anderen Umgebung sehr wohl. Wir bleiben über Nacht im Haus und genießen es, in einem großen Bett mit sauberen Laken zu schlafen.
Am Morgen haben wir beide Muskelkater in Beinen und Füßen. Nach den Wochen auf See sind die Beinmuskeln überhaupt nicht mehr an Arbeit gewöhnt. An Bord sind es lediglich die Arme, die man beim Bedienen der Schoten — Leinen zum Bewegen der Segel — oder beim Hinaufziehen von schweren Wassereimern braucht.
Ich buche meine Tour zu den Marquesas. Nur zweimal im Monat fährt das kleine Cargo-Boot zu den 1.500 Kilometer entfernt gelegenen Inseln und nimmt dabei einige Passagiere mit. Ein Flugticket ist für mich unerschwinglich teuer.
Nach vier Tagen verlasse ich Papeete, die geschäftige kosmopolitische Hauptstadt Ost-Polynesiens, schon wieder für einige Wochen. Es tut mir nicht leid, denn teure Hotels, Bars und Restaurants erinnern mehr an ein französisches Ferienzentrum an der Côte d'Azur, als an ein Südseeparadies.
Kurz und schmerzlos ist die Trennung von meiner sehr liebgewonnenen Freundin Florence. Sie verschwindet schon um 6 Uhr früh, um nach Neu-Kaledonien zu fliegen. Sie muß zurück zu ihrem Job als Lehrerin. Jean-Claude kann mit einem ärztlichen Attest seinen Urlaub um drei Wochen verlängern und will die Orca noch bis Neu-Kaledonien segeln. Greg bleibt an Bord, da er ja so schnell wie möglich nach Australien will, um dort sein Glück zu finden.
Jean-Claude stellt mir noch ein Empfehlungsschreiben — sozusagen als Zeugnis — aus. Vielleicht wird es mir in Zukunft helfen, neue Crewpositionen zu finden. Schließlich habe ich inzwischen viel gelernt und bin keine blutige Anfängerin mehr.

Taporoo Drei, Kopra-Schoner zu den Marquesas

DIE MARQUESAS
HATUTU
EIAO
NUKU HIVA
OA HUKA
Taiohae
Taipivai
Hakahau
OA POU
HIVA OA
Atuana
Paumau
TAHUATA
MOHOTANI
TAHITI
FATU HIVA

Per Kopra-Schoner zu den Marquesas

Mit meinem kleinen Rucksack auf dem Rücken — ich habe auf vorherigen Reisen gelernt und nehme nur noch das Nötigste mit — marschiere ich auf die gegenüberliegende Seite des Hafens, wo die Taporoo Drei um 10 Uhr auslaufen wird.
Es sind so viele Leute an Bord, daß ich Schwierigkeiten habe, einen Platz für Schlaf- und Rucksack auf dem kleinen Deck zu ergattern. Die Polynesier waren schon am Vorabend mit Matratzen und Kisten angekommen. Sie wußten, wie unbequem voll es werden würde. Nicht immer reist eine so große Zahl von Passagieren mit der Taporoo Drei, aber die Ferienzeit hat in Polynesien begonnen und junge Leute, die in Tahiti arbeiten oder zur Schule gehen, fahren für einige Wochen nach Hause zu ihren Familien. Eine Passagierin war in Papeete im Krankenhaus und fährt nun für einige Tage nach Hause — sie lebt auf Tahuata, einer Insel in den Marquesas. Sie erzählt mir, daß sie anschließend nach Frankreich zu einem Spezialisten muß, um dort operiert zu werden. Das Ganze wird von der französischen Krankenkasse finanziert.
Die meisten Inselbewohner Französisch-Polynesiens haben inzwischen Französisch gelernt; überwiegend alte Menschen und einige junge Leute, die nicht die Schule besuchen, sprechen nur die Landessprache. Die Dialekte, die auf den verschiedenen Inselgruppen gesprochen werden, sind unterschiedlich, aber die Menschen können sich trotzdem untereinander verständigen.
Außer mir sind noch andere Rucksacktouristen an Bord. François — ein netter gutaussehender Franzose —, Silvie — eine junge Ärztin, ebenfalls aus Frankreich — und eine bildhübsche Tschechin mit ihren beiden blonden Töchtern. Sie war schon vor Jahren aus der Tschechoslowakei geflüchtet, hat in Paris Kunst studiert und ist nun auf dem Weg nach Hiva Oa, um dort nach einem Gemäl-

de von Paul Gaugin einen großen Wandbehang aus allerlei Stoffen zu erstellen. Der französische Post-Impressionist hatte lange Jahre in Polynesien gelebt, und viele seiner Werke sind vom Leben auf den Inseln geprägt. Er starb, kaum 55 Jahre alt, 1903 auf Hiva Oa. Mit einer Stunde Verspätung verlassen wir schließlich den Hafen von Tahiti. Fünf Tage wird die Taporoo Drei bis zu den 1.500 Kilometer entfernten, nordöstlich gelegenen Marquesas unterwegs sein.
Nun habe ich auch Gelegenheit, die eindrucksvollen Gipfel Tahitis aus einigen Kilometern Entfernung zu bestaunen, denn auf der Hinreise lagen sie in Wolken.

Blick auf Papeete

Um zwölf Uhr gibt es auf den mitgebrachten Tellern einen Schlag Reis mit Gemüse. Das gleiche als Abendessen vier Stunden später. Daran anschließend ist eine Dusche fällig. Zuerst sind Frauen und Kinder an der Reihe. Es ist ein wahres Chaos! An die 20 Frauen in einem Badezimmer, wo lediglich ein Wasserstrahl aus der Decke rinnt. Die Vahinen — polynesisch für Frauen — genieren sich bei uns Palangis — Schimpfwort für Europäer — und stellen sich mit Pareu unters Wasser. Mit diesem Tuch um den Körper dauert das Waschen natür-

lich umso länger und die Männer werden ungeduldig. Sie versuchen, die Tür aufzudrücken. Als ich aus der Dusche komme, ist einer meiner Schuhe verschwunden, in den anderen haben die Männer dick und fett hineingespuckt. Das kann ja noch heiter werden! Silvie erzählt mir am Abend vom schlechten Ruf der Taporoo Drei. Sie hat zuerst gar nicht mitfahren wollen, da es schon Vergewaltigungen gegeben habe.
Ich schlafe sehr schlecht, nicht zuletzt wegen der schreienden Babies und Kinder, die von dem Geschaukel seekrank sind, und bin froh, daß François neben mir einen Platz gefunden hat.
Schon vor sechs Uhr morgens gibt es Frühstück, d.h. eine Tasse viel zu süßen Kaffee und ein trockenes Brötchen. An Deck sieht es aus wie in einem Flüchtlingslager. Eine Matte neben der anderen, dazwischen Speisereste und Spuren von seekranken Kindern. Es riecht säuerlich. Ich verziehe mich über Tag aufs Vordeck. Wegen der ständig aufsprühenden Gischt sind dort kaum Leute, und die Luft ist bedeutend besser. Nach einer freundlichen Unterhaltung mit dem Koch bekomme ich bei den Mahlzeiten einen Schlag Gemüse extra und am Morgen ungesüßten Kaffee.

"Flüchtlingslager" auf dem Alptraumschiff

Die Männer beginnen zu saufen. Ich trinke ein Glas Wein mit, aber dann wird es mir zuviel. Sie saufen Whisky wie ein Erfrischungsgetränk, und das zu jeder Tageszeit. In der zweiten Nacht kann ich schon wieder kein Auge zutun, das Gebrüll der Besoffenen ist einfach unerträglich. Ein breiter, kräftig gebauter Polynesier stürzt sich mitten in der Nacht auf François, der seinen Mund nicht halten konnte und die grölende Meute aufgefordert hatte, doch Rücksicht auf schlafende Passagiere zu nehmen. Mehrere Leute müssen den aggressiven Bären zurückhalten, sonst hätte es wohl eine böse Schlägerei gegeben.

Am dritten Tag erreichen wir Takapoto, eine der 79 Inseln des Tuamotu Archipels. Diese Inseln bilden die größte Gruppe von Korallen-Atollen der Welt. Die Regierung unterstützt die Perlenzucht. Leider steht der Verkauf der wertvollen Südseeperlen unter strenger Kontrolle, und so ist es den Inselbewohnern verboten, an uns zu verkaufen. Trotzdem bittet mich eine Dorfbewohnerin in ihr bescheidenes Häuschen und bietet mir einige kleine Südseeperlen zum Kauf an. Ich kenne mich mit den Preisen für Perlen nicht sehr gut aus, aber mir erscheinen sie schwindelerregend hoch.

Der Landstreifen, der sich auf dem Riff um die Lagune gebildet hat, ist beim Dorf etwa 1 Kilometer breit. Ich schlendere durch den ruhigen Ort, entlang der palmenumsäumten Lagune. Die etwa 50 Hütten liegen verstreut zwischen Palmenhainen. Es gibt auch einen kleinen Laden im Dorf. Dort kaufe ich einige Bonbons — aus einem großen Glas, wie zu Hause im Krämerladen an der Ecke.

Viel passiert in den letzten beiden Tagen an Bord nicht. Ich lese, schreibe Briefe, unterhalte mich mit den Passagieren. Es ist inzwischen sehr dreckig auf dem Schiff und ich bin heilfroh, als nach fünf Tagen die Fahrt ein Ende nimmt. Eine dicke Vahine, die mit ihrer 12-jährigen Nichte Teata ihr Lager neben mir hat, fragt mich kurz vor der Ankunft, wo ich denn überhaupt auf Hiva Oa bleiben werde. Da ich noch nicht weiß wohin — François und Silvie haben Adressen von Bekannten — lädt sie mich zu ihrem Bruder ins Hauptdorf Atuana ein. Er steht schon

am Kai, als wir nach kurzem Stop bei dem Inselchen Tahuata die Bucht von Atuana erreichen.
Hiva Oa! — Wie alle anderen Inseln der Marquesas ragen auch hier die Klippen steil aus dem Meer. Tiefe Täler sind mit saftig grünen Kokospalmen ausgefüllt und führen in das wild zerklüftete Hochland. Nur noch etwa 5.000 Menschen leben heute auf den Inseln, um 1800 herum waren es noch 50.000. Eingeschleppte Krankheiten der weißen Eroberer, gegen die die Einwohner keine Abwehrstoffe hatten, wie z.B. die einfache Grippe, hatten die Bevölkerung drastisch dezimiert.
Das Haus meiner Gastgeber, der Familie Barsinas, liegt am Berg, und von der Terrasse hat man eine traumhaft schöne Aussicht über die Buchten. In dem fruchtbaren Garten gedeihen Bananen, Ananas, Papayas und Brotfrüchte. Ich werde herzlich aufgenommen und vor allem Teata ist stolz, mich dabeizuhaben. Die Familie läßt es sich nicht nehmen, mich ins Schlafzimmer der Oma einzuquartieren, die dafür auf die Terrasse ausweichen muß. In den tropisch heißen Marquesas bildet die überdachte Terrasse ein zusätzliches Zimmer.
Unser Empfangsessen ist eine aus vielen verschiedenen Gerichten zusammengestellte Tafel. Da gibt es Krabben in Kokosmilch, Miesmuscheln, das Fleisch der schönen Porzellanmuschel, große gekochte Krebse, Ziegenfleisch, Brotfruchtpüree, rohen Fisch, gegrillte Bananen und viele andere exotische Leckerbissen. Ich kann kaum fassen, welch herzliche Gastfreundschaft mir entgegengebracht wird.
Herr Barsinas ist der Vater von Teata. Er hat kurz nach der Geburt der Tochter eine andere Frau geheiratet, und so lebt Teata bei ihrer Tante in Tahiti. Es ist in Französisch-Polynesien keine Seltenheit, daß die Kinder nicht bei den Eltern, sondern bei anderen Familienmitgliedern oder Freunden großwerden. Herr Barsinas arbeitet an der Schule von Atuana. Viele Schulkinder kommen aus abgelegenen Tälern der Insel oder sogar von der kleinen Nachbarinsel Tahuata. Sie bleiben die ganze Woche über in der Schule, da der Heimweg zu lang ist. Die Aufgabe meines Gastgebers ist es, die Kinder

außerhalb der Schulzeit zu beaufsichtigen. Sie spielen Volleyball, basteln, schnitzen Holzfiguren, gehen zum Schwimmen oder unternehmen Wanderungen.
Er erzählt mir aber auch, daß die meisten Kinder kein Interesse daran zeigen, französisch zu lernen. Nach vier Schuljahren, wenn auf den Inseln keine Weiterbildung mehr erfolgen kann, können die Kinder nach Tahiti, um dort die Schule zu besuchen. Unterkunft und Verpflegung in Tahiti, Reisen von den Marquesas nach Tahiti und die Schule selbst werden vom französischen Staat finanziert. Aber die meisten nehmen diese Chance, die ihnen von der Zivilisation gelassen wird, lieber nicht wahr. Sie bleiben auf den abgelegenen Marquesas und leben vom Fischfang, den wenigen Touristen, eventuell dem Verkauf von Vanille und Kopra und von den Zuschüssen der französischen Regierung.
Die Inseln im Pazifik sind für den französischen Steuerzahler schon lange eine Belastung, doch solange sie ein so wichtiger Militärstützpunkt sind, besteht für die Ostpolynesier nur geringe Aussicht auf Selbstverwaltung oder gar Unabhängigkeit.
Nach einer kalten Dusche im Garten wickele ich mir meinen in Papeete erstandenen Pareu um, stecke mir eine rosafarbene Hibiskusblüte ins Haar und schlendere mit Teata durchs Dorf. Sie ist aufgeregt, denn seit fast einem Jahr hat sie ihre Mutter nicht mehr gesehen und wir wollen sie besuchen. Die Frau lebt inzwischen bei einem anderen Mann. Ich glaube, sie ist gar nicht so begeistert ihre Tochter wiederzusehen. Mit gezwungenem Lächeln auf dem Gesicht widmet sie uns 20 Minuten, dann schickt sie uns mit der Bemerkung, sie habe noch viel zu tun, weg. Teata tut mir sehr leid.
Im Dorf begegnen wir Silvie und mit ihr zusammen besuchen wir den Friedhof, der nur wenige Gräber hat und die zum größten Teil fast zugewachsen sind. Normalerweise würde man als Tourist nicht stehen bleiben, wenn nicht Paul Gaugin und Jacques Brel hier beerdigt wären. Silvie hat den Piloten des kleinen Flugzeugs kennengelernt, das zwischen den Inseln verkehrt. Dieser Mann ist auch einer der nicht so zahlreichen, die auf Hiva Oa

Das Grab von
Paul Gaugin

überhaupt ein Fahrzeug besitzen. Mit ihm durchstreifen wir die von saftig grüner Vegetation überquellende Insel. Auf dem Weg ins Tal Taaoa besuchen wir einen Franzosen in seiner primitiven Behausung, der seit einem Jahr hier lebt. Die Regierung unterstützt ihn beim Aufbau einer Vanilleplantage, doch erst nach Jahren kann er die ersten Früchte der Orchidee ernten.

Im Tal Taaoa wollen wir uns die im tropischen Regenwald verborgenen Tikis, Götterfiguren der alten Polynesier, ansehen. Keine zehn Menschen wohnen in diesem Tal. Beim Passieren einer Hütte fragen wir nach dem Weg. Zwei besoffene Männer erklären uns nur ungern wie es weitergeht. Den hohen Alkoholkonsum und die damit verbundene Aggressivität eines großen Teil der männlichen Bevölkerung der Marquesas finde ich sehr abstoßend. Der starke französische Einfluß hat die Kultur dieser Menschen zerstört und deren Lebensphiloso-

Tikis, versteckt im dichten Urwald

phie in Frage gestellt. Viele haben weder einen Platz noch einen Sinn in dieser aufgezwungenen fremden Kultur gefunden und aus diesem Grund zu trinken begonnen.

Fast zwei Stunden schlagen wir uns durch dichten Urwald, bis ich schließlich zwischen schlanken Baumstämmen, unter fast geschlossenem Blätterdach, zwei riesengroße Augen entdecke, die mich von weitem anstarren. Etwas Mystisches umgibt die Skulptur und geht auf unsere Stimmung über. Kaum ein Fremder findet diese verborgenen Überreste einer bis heute ungeklärten Vergangenheit. Noch immer sind sich die Forscher uneinig. Wurde Polynesien von Asien oder vom amerikanischen Kontinent her besiedelt? — Daß eine Besiedlung von Amerika aus möglich gewesen sein könnte, bewies Thor Heyerdahl mit seiner Kontiki-Expedition. Auf einem selbstgebauten Balsafloß segelte er in 97 Tagen von

Tikis

Callao an der Küste Perus über den Pazifik zu einer Insel der Tuamotu-Gruppe.

Wir essen gerade frische Papayas — direkt vom Baum — als sich plötzlich eine schwarze Wolke von Moskitos auf mich stürzt. Nun aber nichts wie weg!

Die nächsten Nächte liege ich aufgrund meiner von Moskitostichen übersäten und von Juckreiz geplagten Haut oft wach und reibe mich mit allen möglichen Salben und Heilmitteln ein. Ein Stich neben dem anderen. Man könnte glauben, ich habe eine schlimme Krankheit erwischt.

Im Tal Paumau, auf der gegenüberliegenden Seite der Insel, zu der wir auf der einzigen Straße — ein mit tiefen Furchen, Querrinnen und Löchern verunstalteter Weg — über einen 1.000 Meter hohen Paß gelangen, sind die Tikis etwas leichter zugänglich. Hier klettern noch wilde Pferde und Bergziegen über die Hügel. Ziegenfleisch ist übrigens ein wichtiges Nahrungsmittel für die Inselbewohner. Die Menschen hier in diesem Tal wohnen in vereinzelten Hütten, die unter Kokospalmen stehen; es gibt eine kleine Kirche, und einen sichelförmigen Sandstrand, an dem Kinder nach Langusten tauchen, im Hintergrund aufragende Berge, mit dichtem Regenwald bewachsen. Eine Schule gibt es nicht, die Kinder müssen in Atuana zur Schule gehen. Aber eine Krankenschwester ist hier ansässig. Für schwierige Krankheitsfälle gibt es einen Arzt in Atuana, das nächste Krankenhaus ist in Taiohae, dem Hauptort der Insel Nuku Hiva. Nicht weit hinterm Dorf liegt die archäologische Stätte. Die großen Steinstatuen erinnern mich an die Figuren von San Agustín in Kolumbien. Vielleicht hatte Heyerdahl doch recht. Nach drei Tagen verabschiede ich mich von meiner Gastfamilie in Atuana. Die Familie Barsinas schenkt mir zum Abschied zwei geschnitzte Holzfiguren, die Schüler aus dem Ort hergestellt hatten. Hoffentlich werde ich irgendwann einmal zu Hause in Deutschland die Gelegenheit haben, mich für die uneingeschränkte Gastfreundschaft, die mir so oft auf meinen Reisen entgegengebracht wird, zu revanchieren.

Wildpferde auf Ua Huka

Da es keine andere Transportmöglichkeit gibt, fliege ich mit Silvie weiter zur Insel Nuku Hiva, etwa 120 Kilometer nördlich von Hiva Oa. Ganz geheuer ist mir nicht, als ich in das winzige Flugzeug mit 8 Sitzplätzen einsteige, aber als wir schließlich aufsteigen und der grüne Teppich mit seinen schroffen Bergen und unzähligen abgrenzenden Buchten unter mir liegt, bin ich hellauf begeistert. Wie winzige Spielzeugschiffchen liegen die Jachten in der Bucht vor Atuana. Einige einheimische Fischerboote kann ich vor der Küste ausmachen.
Zwischenlandung auf Ua Huka, der Insel der Pferde. Hunderte von wilden Pferden gibt es auf Ua Huka — Menschen hingegen nur noch etwa 350. Silvie kauft drei frische Langusten und nimmt diese mit nach Nuku Hiva, der Endstation unseres Fluges.

Flughafen auf Nuku Hiva

Da keine Straße über die Insel führt, bringt uns eine Fähre in etwa zwei Stunden nach Taiohae, zum Hauptdorf der Insel. Es ist regnerisch, trotzdem trägt der Gedanke, mich auf einer der entlegendsten Inselgruppen des Pazifiks zu befinden, zu meiner Hochstimmung bei. In der Bucht von Taiohae liegen etwa ein Dutzend Segeljachten, aber auf Anhieb kann ich keine bekannten Boote aus der Szene von Martinique und Panama erkennen. Ich bin noch am Überlegen, wo ich die Nacht verbringen werde, als es von der Kaimauer mit französischem Akzent herüberhallt: "Gabii, Gabii!" Ich bin verwirrt und schaue mich um, ob es vielleicht noch eine Gabi an Bord gibt. "Gabii", ruft ein Herr mittleren Alters nochmals zu mir herüber und nickt heftig, als sich unsere Blicke treffen. "Bin ja mal gespannt, woher der mich kennt", denke ich für mich, nehme meinen Rucksack und gehe an Land.

Nach den Begrüßungsworten klärt mich Bernard, so hat er sich vorgestellt, über die Situation auf. Philippe Xavier hatte aus Papeete angerufen um ihn zu bitten, "das große, dunkle deutsche Mädchen", das in den nächsten Tagen ankommen müsse, aufzunehmen. Bernard ist Leiter der Bankzweigstelle auf Nuku Hiva, dem Verwaltungszentrum der Marquesas, und jederzeit froh über eine Abwechslung. Noch dazu ist seine Frau gerade mit den Kindern auf Urlaub in Frankreich, und er lebt als Strohwitwer alleine in seinem Bungalow. "Und deine Freundin?" Er zeigt auf die kleine Silvie, die aussieht wie 16, aber 26 Jahre ist. "Die kannst du auch mitbringen."

Das klappt ja wie am Schnürchen. Mit seinem verrosteten Jeep fahren wir zum Haus, wo wir zunächst auf der schattigen Veranda einen Drink zu uns nehmen, um uns kennenzulernen. Bernard hatte lange Zeit als Koch in einem Restaurant in Papeete gearbeitet, und so verwöhnt er uns an diesem Abend mit einer leckeren Mahlzeit.

Unser Gastgeber ist schon auf der Arbeit, als wir am Morgen aufstehen und gemütlich frühstücken. Danach machen wir einen Rundgang durchs Dorf. Es hat die ganze Nacht geregnet und auf den matschigen Pfaden ist es sinnlos, irgendwelche Schuhe anzuziehen. Wir stapfen barfuß los. Am Dorfrand stehen mehrere moderne Bungalows, die von französischen Ärzten und Verwaltungsbeamten bewohnt werden. Mehr rutschend als laufend bewegen wir uns den steilen, schlüpfrigen Pfad hinunter, vorbei an einer alten Steinkirche über eine schmale Brücke, die, wie man uns sagt, bei starken Re-

genfällen oft unter Wasser steht. Palmen und rot blühende Hibiskusbüsche wachsen im Überfluß. Am Uferweg gibt es einige aus Holz gebaute Läden, wo man Lebensmittel, Pareus oder die notwendigsten Kleidungsstücke kaufen kann. Natürlich fehlt auch hier, wie auf allen polynesischen Inseln, das große Volleyballfeld mit aufgespanntem Netz nicht. Während der kommenden Tage gehe ich oft am Abend hinunter ins Dorf, um mit den jungen Polynesiern einige Spiele zu bestreiten.
Bernard hat Silvie und mich zum Essen in das kleine Restaurant "Chez Bob", das einem hier lebenden Amerikaner gehört, eingeladen. Für den Nachmittag ist ein Ausflug mit Bernard's Freund Maurice ins Nachbartal Hakaui organisiert. Per Speedboot fahren wir rüber, um ein Schwein zu schießen für das große Kai-Kai (Essen) am kommenden Sonntag im Gemeindehaus.
Die ungebändigt wild wuchernde Natur in dem nur noch

Im Hakaui-Tal

von einer Familie bewohnten Tal beeindruckt mich sehr. Aus der zum Teil mit Moosen bewachsenen, steil aufragenden Felswand bricht tosend ein langer, schlanker Wasserfall hervor. Wilde Orangen und Zitronen, Brotfrüchte und selbstverständlich Kokosnüsse gibt es im Überfluß. Tief im Tal entdecken wir eine alte Kirche und Hausfundamente. Überreste des vor kaum 150 Jahren wichtigsten Dorfes der Marquesas.

Die alte Kirche im Hakaui-Tal

Die wenigen Menschen im Hakaui-Tal leben von den hier wild wachsenden Früchten, Süßkartoffeln, Meerestieren und ab und zu dem Verkauf eines Schweines an die Bewohner von Taiohae.
Ich muß mir die Ohren zuhalten, als das Schwein mit der mitgebrachten Flinte abgeschossen wird. Anschließend wird es rasiert, bis die glatte, rosafarbene Haut des toten Tierleibes zum Vorschein kommt, und in Einzelteile zerlegt, die wir im Boot zurück nach Taiohae mitnehmen.

Bernard ist an diesem Abend sehr nett. Mit seinen Freunden trinken wir gemeinsam einige Flaschen Wein, woraufhin er noch netter wird und ich ihn in meinem Bett wiederfinde. Kurzerhand werfe ich ihn hinaus. Nach diesem Zwischenfall läßt seine Freundlichkeit erheblich nach. Sein Plan ist schiefgegangen, nun spielt es keine Rolle mehr, wie er sich uns gegenüber verhält.
Unter den "wichtigen" Persönlichkeiten, die wir bisher in Taiohae kennengelernt hatten, befindet sich auch Jacobi, der Mann von der Telefonzentrale. Ein paar nette Worte, ein freundliches Lächeln, und er macht es möglich, daß ich umsonst, solange ich will, mit meiner Mutter in Deutschland telefonieren kann. Warum nicht einmal die "Vorteile des Frauseins" genießen, schließlich muß ich auch mit den Nachteilen fertig werden.
Nach fünf Tagen fahren Silvie und ich mit dem Motorboot der Verwaltung zur Nachbarinsel Oa Pou. Unser Gepäck haben wir auch dabei, denn von Oa Pou aus wird uns dann später das "Alptraumschiff" Taporoo Drei wieder zurück nach Tahiti bringen. Bereits um fünf Uhr früh sind wir am Kai; es ist noch finster, als wir losfahren. Während der zweistündigen Überfahrt erhebt sich das Tageslicht aus dem Meer — ein feiner, heller Streifen im Osten

Oa Pou wächst aus dem Meer (s. auch folgende Seite)

dehnt sich aus zu einem breiten, rot-orangefarbenen Band, bis zunächst zaghaft, dann immer schneller die blutrote Sonne aus dem Ozean auftaucht. Die von uns angesteuerte Insel Oa Pou liegt wie ein graues, verschleiertes Ungeheuer auf dem Meer. Beim Näherkommen treten die markanten spitzen Gipfel immer deutlicher hervor und unter den ersten Strahlen der Sonne entfaltet sich schließlich die volle Pracht dieser Südseeinsel.

Diesmal sind es Silvies Beziehungen, die uns zu einem Dach über dem Kopf verhelfen. Alain, der junge Arzt der Insel, hat in Frankreich mit ihr an der Universität von Montpellier studiert. Bei ihm sind wir herzlich willkommen.
Auf meiner gleichmäßig dunkelbraunen Haut entstehen helle Flecken, die jeden Tag größer werden. Es ist eine Pilzkrankheit, die meiner Eitelkeit mehr schadet als meinem physischen Wohlbefinden. Alain gibt mir Medikamente gegen die in tropischen Breiten sehr häufig auftretende Erkrankung.
Mit ihm und dem Zahnarzt Frank machen wir per Motorboot einige Visiten in andere Täler, so abgelegen, daß mich die Bewohner fragen: "Aus welchem Tal kommst denn du?" Es ist keine leichte Aufgabe ihnen zu erklären, daß Deutschland kein Tal auf einer anderen Insel ist, sondern ein Land, tausende von Kilometern entfernt auf einem Kontinent.
Mitten auf dem Dorfplatz werden Zähne gezogen, während ich mit den jungen "Profis" Volleyball spiele. Unglaublich, wie gut die 13 — 14-jährigen schon spielen. Aber: Volleyballspielen und Kinderkriegen, viel mehr Freizeitbeschäftigung gibt es eben nicht. Daß junge Mädchen, sobald sie geschlechtsreif sind, schon ihr erstes Baby zur Welt bringen, ist keine Seltenheit. Adoptionen werden in Polynesien ohne großen Papierkrieg durchgeführt, und oft werden die Babies sofort nach der Geburt an eine Tante oder Freundin abgegeben. Selbst mir passiert es, daß mich die junge Großmutter eines in der Nacht geborenen Säuglings fragt: "Willst du es mitnehmen? Du darfst es haben." Die Mutter des Neugeborenen ist gerade 14 Jahre alt.
Eines der schönsten Täler, das wir mit Alain besuchen, ist das Hakahatau-Tal. Gepflegte Pfade führen durch das Dorf und die Gärten vor den Häuschen sind gefüllt mit bunt blühenden Sträuchern und Blumen. Ein 10-jähriges Mädchen führt mich ins Haus seiner Eltern, wo ich sie fotografieren soll. Dann muß ich mir ihre Adresse aufschreiben, um ihr das Foto später zuzuschicken. Die Großmutter sitzt im Eingang des Holzhau-

ses und flicht aus trockenen Palmblättern Matten für den Fußboden. Vater und Mutter sind weiter oben im Tal bei der Orangen- und Zitronenernte. Die Früchte werden nach Tahiti verkauft und einmal im Monat von Leuten der Taporoo im Haupttal abgeholt.
Zu Fuß gehe ich mit Silvie zu einem wunderschönen Sandstrand, etwa 5 Kilometer vom Dorf entfernt. Die Bucht ist menschenleer. Pareu, Bikini und Handtuch werden sofort in dem weißen Sand abgelegt, dann nichts wie rein in das glasklare, erfrischende Wasser. Kaum sind wir wieder am Strand, wird die paradiesische Idylle allerdings erheblich gestört. Eine Wolke von Nonos, das sind winzige Stechmücken, stürzt sich auf uns und wir suchen blitzschnell das Weite. Nonostiche sind noch quälender als Moskitostiche, denn sie brauchen fast doppelt so lange, um abzuheilen. Gegen sie nützt das beste Mückenspray nichts.
Zu Ehren eines französischen Militärschiffs wird am Strand ein großes Kai-Kai veranstaltet, mit den üblichen polynesischen Köstlichkeiten wie mama und bue (zwei Muschelsorten), toe toe (Krabben), Keuken (Schafsfleisch), poi poi (Brotfruchtpüree) und uru (gegrillte Brotfruchtstücke). Musik kommt aus der Stereoanlage, denn im Hauptdorf gibt es einen Generator. Nach einigen Gläsern Wein wird getanzt und ich staune, wie gekonnt und schnell die Polynesierinnen beim Tamuré die Hüften schwingen. Der Tamuré ist eine Art traditioneller Bauchtanz, bei dem aber auch die Armbewegungen bestimmte Bedeutungen haben.
Am darauffolgenden Tag läuft die Taporoo Drei nach Tahiti aus. Die Bedingungen an Bord haben sich kaum verändert. Das Schiff ist überfüllt, die Menschen wollen alle nach Tahiti, um am Nationalfeiertag, dem 14. Juli (Sturm auf die Bastille!), dabeizusein. Dieser Tag wird hier in der Südsee inzwischen 2 Wochen lang zelebriert.
Auf dem Schiff treffe ich Patrick, einen jungen Franzosen, der fast ein Jahr lang auf dem Mururoa Atoll stationiert war. Er erzählt mir von den Atombombenversuchen auf Mururoa: "Sämtliche wichtigen Persönlichkeiten sind an solchen Tagen auf Tahiti. Spätestens am Mor-

gen vor der Zündung werden sie ausgeflogen. Alle anderen Soldaten und die wichtigen Fahrzeuge müssen auf hohe Plattformen, um im Falle einer Flutwelle gerettet zu werden. Ich hatte jedesmal Angst, wenn die Erde anfing zu beben, obwohl es ja völlig ungefährlich ist. Ansonsten war es ein guter Job, mit ausgezeichneten Möglichkeiten zur Freizeitgestaltung und prima Bezahlung."

Mir sträuben sich die Haare bei so viel Dummheit und Ignoranz. Bei Unglücksfällen hat es schon mehrere Tote und viele Verletzte gegeben, neuerdings wird sogar von französischer Seite eingeräumt, daß sie das Mururoa Atoll in absehbarer Zeit verlassen werden, weil es für sie unbrauchbar wird. D.h., das Atoll kann den vielen unterirdischen Atombombenversuchen nicht standhalten, es wird in sich zusammenstürzen, radioaktive Materialien freigeben und die gesamte Region wird auf unabsehbare Zeit verseucht und unbewohnbar bleiben.

GESELLSCHAFTS-
INSELN
TUPAI
MAUPITI
BORA-BORA
Vaitape
Patio
nach
NIUE
TAHAA
HUAHINE
FARE
PAREA
Uturoa
RAIATEA
TETIAROA
MOOREA
MAIAO
Papeete
TAHITI
0
50
100 KM

Bezauberndes Polynesien

Zurück in Papeete nimmt Silvie mich zu ihren Freunden mit, wo ich die ersten Tage bleiben kann, bis ich eine Segeljacht nach Australien gefunden habe.
Papeete hat sich in den vergangenen drei Wochen verändert. Alles ist lebhafter und farbenfroher. An den Straßen sitzen Frauen in bunten Pareus und basteln herrlich duftende Blütenkränze. Jeden Tag finden Tanzwettbewerbe statt, bei denen der Tamuré getanzt wird. Kanuregatten, Tätowierungszeremonien und sportliche Wettbewerbe sind die letzten Möglichkeiten, polynesische Kultur live zu erleben. Es ist schade, daß sich die Polynesier so wenig von ihrer Tradition bewahrt haben. Manchmal glaube ich mich in Frankreich, so perfekt ist alles von den Franzosen verwaltet. Die Ureinwohner werden als Wilde betrachtet und auch so behandelt. Die Franzosen kommen nach Polynesien, weil sie doppelt so viel wie in Frankreich verdienen und sofort zur gehobenen Klasse zählen. Jemand, der es in Frankreich nie zu etwas gebracht hat, wird hier von einem Tag zum anderen ein begehrter Mann, denn für die bildhübschen Polynesierinnen gibt es kaum etwas erstrebenswerteres, als einen Franzosen zu heiraten.
Als Silvie weiter in die USA reist, ziehe ich um zu Philippe Xavier und seiner chinesischen Frau. Tahiti habe ich inzwischen vom Gaugin-Museum bis zum Botanischen Garten kennengelernt. In Papeete fällt es mir schwer, nicht über meine Verhältnisse zu leben. Es gibt schöne Boutiquen mit neuester Mode, viele kleine Cafés und gemütliche Restaurants. Da mir das Geld nur so aus der Tasche fließt, will ich mir nun ein Boot suchen. Ich habe mich darauf eingestellt, daß es einige Tage dauern wird, denn was ich bisher per Zufall aufgetan habe, war nicht gerade ermutigend. Liebeshungrige Einhandsegler oder abgebrannte Pärchen, die horrende Summen für die Mitreise verlangen. Nein danke!

Kirchgang am Sonntag

Meine nunmehr systematische Suche an der Uferpromenade von Papeete beginnt damit, daß ich den erstbesten Jachtie frage, ob er nicht jemanden kennt, der Crew braucht. "Doch", meint dieser, "weiter unten liegt eine blaue Katch mit dem Namen 'Klaus Störtebecker'. Eine britische Jacht. Die suchen noch Crew." Na also, wer sagt's denn. Auf zur Klaus Störtebecker, auch wenn der Name in meinen Ohren nicht gerade britisch klingt. Ich sehe das große Boot und weiß schon vom ersten Augenblick, daß ich alles versuchen werde, um als Crewmitglied anzuheuern. Eine tolle Jacht! An Deck kann ich das Surfbrett und den zerlegten Katamaran erkennen. Leider ist niemand an Bord. Ich setze mich aufs Dingi und warte. Zwei Stunden, drei Stunden, wo sind die denn bloß? Ich hinterlasse eine Nachricht und mache einen Stadtbummel.
Inzwischen kenne ich in Papeete schon so viele Leute, es ist fast wie in Idar-Oberstein. An jeder Straßenecke ein Schwätzchen, hier und da einen kleinen Kaffee mit Bekannten. Irgendwie tut es mir jetzt schon leid, die Insel bald verlassen zu müssen. Aber wie hatte Gustave Flaubert schon gesagt: "Es ist immer schmerzlich einen Ort zu verlassen, an den man nie wieder zurückkehren

wird. Das gehört vielleicht zu jenen Melancholien, die der Reisen beste Frucht sind."
Als ich am späten Nachmittag zurück zur Klaus Störtebecker komme, sind Dieter, der Skipper, und dessen Freundin Monika an Bord. Beide sind Deutsche. Dieter lebt schon seit 20 Jahren in den British Virgin Islands, auf St. Thomas. Monika hat ihn kennengelernt, als sie für drei Jahre dort als Goldschmiedin arbeitete.
Die beiden sind ebenso aufgeregt wie ich, denn auch für sie ist es wichtig, eine gute Crew zusammenzustellen. Wir verstehen uns auf Anhieb prächtig. Da muß ich nicht lange überlegen, und als ich spät abends nach zwei Flaschen Wein ein Taxi zu Philippe Xavier's Haus nehme, ist schon klar, daß ich am kommenden Morgen an Bord gehen werde.
Für mich ist die Klaus die reinste Luxusjacht. Auf meinem ersten Boot mußte ich den Tisch am Abend zu einem Bett umfunktionieren. Auf dem zweiten teilte ich die schmale Koje mit Florence. Hier habe ich meine eigene Kabine, ein breites Doppelbett, Schränke, ein Bad mit Dusche und WC. Da habe ich wieder einmal Glück gehabt. Das ganze für sechs Dollar pro Tag, was bei den hohen Lebenshaltungskosten auf Tahiti, wo wir ja unsere Lebensmittel einkaufen müssen, ein angemessener Preis ist.
An Bord befinden sich außerdem eine große Gefriertruhe und ein Kühlschrank, so groß, daß man zum Reinigen gänzlich hineinklettern muß. Fast 3.000 Liter Trinkwasser fassen die drei großen Tanks. Da braucht man bei den vor uns liegenden verhältnismäßig kurzen Passagen nicht zu sparen.
Das beste überhaupt ist der Satellitennavigator, der einem bei Wind und Wetter die genaue Position durchgeben kann. Da gibt es keine Fehlkalkulationen oder falsche Messungen wie mit dem Sextanten. Einige Knopfdrücke genügen.
Kaum zwei Tage später haben wir ein weiteres Crewmitglied. Anne aus Kanada, 39 Jahre alt, geschieden, angehende Großmutter. Nun fehlt bloß noch die männliche Besatzung. Da macht Dieter, wie sich später heraus-

stellt, einen Fehlgriff und nimmt George, einen Australier, an Bord. Ein rauher Typ, mit, wie er behauptet, ausgezeichneten Segelerfahrungen.
So langsam gilt es, die Weiterreise vorzubereiten. Da ich gute Beziehungen habe, können wir beim Militär einkaufen, wo alles um mehr als die Hälfte billiger als in den Geschäften ist. So sind die Vorratskäufe viel günstiger als geplant. Nach Karten von Neuseeland laufen wir uns in ganz Papeete die Sohlen ab, leider ohne Erfolg. Später auf Moorea können wir dann das benötigte Material kopieren.
Ich verabschiede mich von Bekannten und Freunden auf Tahiti, tausche Adressen aus, bis es schließlich heißt: Anker rauf und rüber nach Moorea. Das ist gar nicht so einfach, wie man im ersten Moment annehmen sollte. Die zwei großen Anker haben wir mit Hilfe des "Coffeegrinders", einer mit zwei Leuten zu bedienenden Kurbel, schnell an Deck, doch der letzte kleine Anker hat sich in der Kette der benachbarten Jacht verheddert und macht uns die größte Mühe. Je mehr wir ziehen, desto näher rücken zwei neben uns liegende Boote zusammen. Zum Glück ist bei den anderen jemand an Bord, der sofort mit Fendern, das sind elastische Polster aus Kunststoff, bereitsteht, um eine Beschädigung an der Bordwand zu verhindern. Über eine Stunde manövrieren wir herum, bis wir endlich frei sind und auslaufen können.

Nur etwa drei Stunden dauert die Überfahrt zur Nachbarinsel Moorea. Inmitten von etwa einem Dutzend anderer Jachten liegen wir in der tief ins Land einschneidenden Cook's Bay. Welch eine wohltuende Ruhe, nach dem dreiwöchigen Trubel von Papeete. Ein traumhafter Ankerplatz, umgeben von bis zu 1.200 Meter steil aufragenden Bergen. Die Hänge sind mit Kokospalmen übersät und man kann die weiten Ananasplantagen erkennen. Ganz am Ende der Bucht liegt das kleine Dorf Paopao. Seglertreff ist das Bali-Hai-Hotel, wo von sechs bis sieben Uhr zur Happy Hour die Getränke nur die Hälfte kosten. Anni und Helmut Hörmann, ein deutsches Seglerehepaar, sind schon vor Jahren hier gelandet. Seitdem

In der Cook's Bay (Moorea) liegen wir vor Anker

liegt ihre Jacht in der Bucht vor Anker. Anni ist Managerin des Hotels. Die beiden bewahren die eingehende Post für die ankommenden Überseejachten auf — eine große Hilfe, denn das Postamt schickt sämtliche Briefe nach zwei Wochen wieder zurück an den Absender. Auch mich erwartet ein großer Stapel Briefe.
Rollo Gebhard, der bekannte Einhandsegler aus Deutschland, liegt mit seiner Solveig III auch in Cook's Bay; bei ihm ist seine Freundin Angelika. Die beiden sind sehr nett und laden mich zum Nachmittagstee ein. Ich wundere mich schon, warum sie gerade mich so interessant finden, als einige Tage später das Angebot von Rollo kommt, ein Buch über mich zu schreiben. Zunächst bin ich begeistert, aber nach längerem Überlegen kommt mir der Gedanke, daß ich es ja eigentlich auch mal selbst probieren könnte. Er war es, der mir den Ansporn gab, mich hinzusetzen, um anhand meiner Tagebücher und Briefe meine Erlebnisse niederzuschreiben.
Eine weitere Persönlichkeit in dieser — zum Drehort für "Die Meuterei auf der Bounty" auserwählten Bucht, ist Helen, eine 48-jährige Engländerin. Seit sie sich vor drei Jahren von ihrem Mann getrennt hat, reist sie per Segel-

stop um die Welt. Eine richtige Frohnatur, ich bewundere Helen. Schon sechs Wochen lebt sie auf der Spindrift II, einem rostigen alten Segelboot. Der Skipper hat keinen Pfennig mehr und sucht nun 5 bis 6 Leute als Crew, die ihm die Heimreise nach Australien finanzieren sollen. Keine zehn Pferde würden mich auf diesen, in meinen Augen wirklich nicht mehr seetüchtigen Kahn bringen.
Ich mache eine Tramptour um die Insel. Viele Touristen mieten sich für einen Tag ein Auto oder einen Jeep, und so ist das Trampen kein Problem. Zunächst fahre ich von Paopao aus vorbei an Ananasplantagen in das schöne Opunohu-Tal. Ein Junge mit einem Moped hat mich mitgenommen, und wir stoppen an dem gut restaurierten Marae Titiroa. Maraes sind Grundmauern und Plattformen ehemaliger Tempelanlagen. Nach etwa 10 Kilometern erreichen wir den Aussichtspunkt Roto Nui. Von hier hat man einen herrlichen Blick über die grünen Bergspitzen, die Cook's und die Opunohu Bay. Ich steige zu Fuß hinab zur Hauptstraße und trampe von dort aus weiter zum Club Mediteranée. Die Clubanlage ist wegen Renovierungsarbeiten geschlossen, denn die Hüttendächer aus Palmblättern müssen alle paar Jahre neu gedeckt

Cook's Bay, Regenbogen über der Klaus Störtebecker

werden. Von hier fahre ich weiter entlang der 61 Kilometer langen Küstenstraße. Ab und zu steige ich in kleinen Dörfern aus, setze mich an den Strand und plaudere mit Einheimischen. Die meisten der 5.000 Bewohner Mooreas leben vom Tourismus. Zum Sundowner bin ich wieder zurück auf unserem Boot, beladen mit einem halben Dutzend frischer Ananas, die ich auf einer Plantage für insgesamt 2 Dollar gekauft habe.
Während der Tage auf Moorea zerlegen wir sämtliche Luken, um sie mit Silikon neu abzudichten. Holzteile werden abgeschmirgelt und neu lackiert, der Generator überholt. Zwischen den Arbeitsstunden bleibt selbstverständlich trotzdem noch Zeit für eine Runde auf dem Surfbrett oder eine Siesta an Deck.
Nach zehn Tagen wollen wir weiter zu den Inseln unter dem Wind, nordwestlich von Moorea und Tahiti. Die luftigen Netze in der Kombüse werden noch einmal mit frischem Obst und Gemüse gefüllt. Nach dem Mittagessen — auf der Klaus Störtebecker gibt es immer geregelte Mahlzeiten — setzen wir die Segel mit Kurs auf Huahine. Es ist eine unruhige Nacht: vierzig Knoten Wind (das sind 40 Seemeilen pro Stunde), dazu starker Seegang. Es sind nur etwa 100 Seemeilen bis Huahine, und wir hoffen am frühen Morgen die Insel zu erreichen.
Monika ist seekrank und legt sich nach einigen Stunden kreidebleich ins Cockpit. George fühlt sich als Skipper, sobald Dieter einmal nicht auf der Bildfläche ist, was mir gehörig auf die Nerven geht. Warum glauben Männer bloß immer, alles Wissen alleine zu besitzen? Schließlich habe ich nach 6.000 Seemeilen auch meine Segelerfahrungen und muß mir nicht mehr von jedem Mann Vorschriften machen lassen.
Die ständig aufsprühende Gischt läßt unseren trockenen Kleidern keine Chance. Da die Sicht gleich Null ist, beschließt Dieter, über Nacht in sicherem Abstand zur Insel Huahine zu bleiben. Bei Sonnenaufgang befinden wir uns infolgedessen 30 Seemeilen nordöstlich unseres Zieles. Also zurück!
Gegen Mittag laufen wir endlich durch den Paß Farereva in die Lagune zwischen Huahine Nui (groß) und Hua-

hine Iti (klein) ein; beide Inseln sind durch eine Brücke miteinander verbunden. Auch hier in der Lagune bläst der Wind noch sehr stark, aber die See ist ruhig.
George ist von unserem Törn in rauhem Wetter derart eingeschüchtert, daß er abends in meine Kabine kommt, um mich davon zu überzeugen, wie unfähig unser Skipper und wie schlecht die Konstruktion der Jacht sei. Ich gebe George zu verstehen, daß ich überhaupt keine Lust habe, mir von ihm die Reise vermiesen zu lassen, und wenn er Angst hat, solle er doch verschwinden. Nachdem ich den Pazifik auf einer halbfertigen Jacht ohne Radio und ohne Satellitennavigator überquert habe, fühle ich mich auf der Klaus, ohne Übertreibung, so sicher wie nie.
Wir stellen fest, daß die meisten Jachten auf der anderen Seite der Insel, vor dem Dorf Fare liegen, aber bevor wir um das Riff motoren, machen Monika und ich einen Landgang auf Huahine Iti. In Gummilatschen und buntem Pareu, dazu den mit einem Picknick und einer großen Flasche Moskitoabwehrmittel gefüllten Rucksack ziehen wir los.
Um die Insel führt ein breiter, befahrbarer Weg, und wir hoffen auf den guten Willen unserer motorisierten Mitmenschen, damit wir nicht die ganze Strecke zu Fuß laufen müssen. Mittagsrast halten wir mit frisch gepflückten Papayas unter Palmen. Neugierig erkundschaften wir eine Anzahl von Maraes, Ruinen früherer Tempel. Es gibt noch etwa 28 Maraes auf Huahine Nui. Jeder Häuptling eines Distrikts hatte seinen eigenen Marae. Da allerdings nie mehr als eine niedrige Steinmauer unter Palmen vorhanden ist, gehört schon sehr viel Phantasie dazu, die Vergangenheit wieder lebendig werden zu lassen.
Monika und ich haben die Größe der Insel unterschätzt. Es beginnt schon zu dämmern, als die Bucht, in der unsere Jacht liegt, laut Karte noch gute 15 Kilometer entfernt ist. Seit zwei Stunden ist kein Auto mehr aufgetaucht. Meine Füße brennen, in Gedanken sehe ich mich schon ein Nachtlager aus Blättern von Bananenstauden konstruieren.

Schließlich erreichen wir eine Hütte, vor der ein Auto geparkt ist. Ich sehe unsere Chance und klage unser Leid einem jungen Polynesier, der gerade mit seinem Auslegerkanu von den Motus — das sind kleine Inseln auf dem Riff, auf denen häufig Wassermelonen und Gemüse angepflanzt werden — zurückkommt. Nachdem wir der ganzen Familie, von der Schwester bis hin zu Onkel und Tante, vorgestellt worden sind, bringt der hilfsbereite junge Mann uns zurück zur Jacht, wo die anderen schon besorgt warten.
Am nächsten Tag segeln wir um die Insel Huahine Nui herum zum Hauptort Fare, wo die meisten Jachten ankern. Wir haben gehofft, daß der Wind hier nicht so arg bläst, aber es ist kaum besser. Fare ist ein kleiner Ort mit einigen Lebensmittelläden, wo wir frisches Brot und auch Obst und Gemüse kaufen können.
Am Abend setze ich mich zu ein paar jungen Leuten an den Strand. Sie haben ein Lagerfeuer angezündet. Als George dazukommt gibt es Ärger; er zieht zum Zeichen seiner Männlichkeit ein Messer aus der Tasche. Und das nur, weil ich durchblicken lasse, daß ich mich inmitten der mittlerweile betrunkenen polynesischen Burschen unwohl zu fühlen beginne und lieber zurück an Bord gehen würde.
Am nächsten Tag ist mein Crewkollege so überdreht, daß er in der Kombüse auf den Wasserkessel springt und unseren Skipper wegen einer Lappalie anschreit. Hoffentlich kriegen wir mit dem keinen Ärger.
Eine klare Vollmondnacht! Ich habe beschlossen, meinen Schlafsack an Deck zu nehmen, um die Nacht unter freiem, klarem Himmel zu verbringen. Das Licht des Mondes ist so hell, daß es vom weißen Sandboden des Meeresgrundes um unser Boot herum reflektiert wird. Ich genieße diese Stunden.
Wir verbringen noch einen Tag beim Schnorcheln im Riff, dann geht Dieter zum Ausklarieren, damit wir weitersegeln können. Unser nächstes Ziel ist Raiatea, nach Tahiti die zweitgrößte der Gesellschafts-Inseln, die wir nach fünf Stunden herrlichen Segelns erreichen. Diesmal bin ich an der Reihe, die Klaus durch den schmalen

Paß im Riff zu steuern. Bei derartigen Manövern wechsele ich mich jedesmal mit Anne ab, denn wir finden das beide immer wieder aufregend.
Geankert wird im Windschatten eines mit Kokospalmen bewachsenen Motus am Riff. Keine andere Jacht weit und breit.
Nach drei Regentagen scheint endlich wieder die Sonne. Es ist so klar, daß die Berge zum Greifen nahe sind, und ich beschließe, den Tag an Land zu verbringen. Dieter setzt mich mit dem Katamaran, den wir inzwischen zusammengebaut und aufs Wasser gesetzt haben, an Land ab. Zu Fuß wandere ich vorbei an Bananengärten ins verschlafene Dorf Uturoa und steige anschließend auf den Berg Tapioi. Von oben hat man einen einmaligen Blick über umliegende Inseln: Tahaa, Huahine und Bora-Bora.
Durch die Lagune motoren wir am nächsten Tag zur Insel Tahaa, die innerhalb des gleichen Riffs liegt. Wann immer ich einen Blick in das Bootsinnere werfe, sehe ich Anne mehlbedeckt mit dem Nudelholz am Tisch stehen. Es ist ihr Kochtag — wir wechseln uns immer ab, damit es keinen Streit gibt —, und sie backt Plätzchen.
In der von uns ausgewählten Bucht ist der Boden schlammig, und es ist nicht einfach, einen geeigneten Platz zum Ankerwerfen zu finden. Gleich nach unserer Ankunft machen wir gemeinsam einen Landgang. Ein einziges Holzhaus steht an der Bucht, doch es scheint unbewohnt zu sein. Daneben befinden sich zwei große Holzplattformen zum Trocknen von Kokosnüssen. Bei diesem Vorgang beginnt nach mehreren Tagen das Kokosnußfleisch, nun wird es Kopra genannt, fürchterlich zu stinken. Ausgepresst liefert Kopra Kokosöl bzw. Kokosfett, das raffiniert als Speisefett und zur Seifenproduktion verwendet wird.
Von diesem Landgang bringen wir eine große Bananenstaude, die so schwer ist, daß wir sie zu zweit tragen müssen, mit zurück an Bord.
Früh am nächsten Morgen gehen Monika und Dieter schon wieder an Land. George schmirgelt die Eingangslucke ab, um sie anschließend neu zu lackieren, Anne

Hier wird
Kopra
getrocknet

möchte einen ruhigen Tag mit Lesen und Faulenzen verbringen, ich backe einen Pfirsichkuchen. Der Teig ist gerade gerührt, da höre ich ein lautes Krachen und Georges Schrei: "Wir sitzen auf dem Riff!" Das hat noch gefehlt. Der Anker hat in dem Schlammboden nicht gehalten und wir sind glatt auf die Korallenbank gedriftet. George gerät sofort in Panik und rennt wild im Boot rum, um den Motor zu starten. Daß er bei seinen unüberlegten Handgriffen nicht die gesamte Inneneinrichtung demoliert, überrascht mich. Zu allem Unglück sitzt auch noch das Ruder fest. Anne versucht, über Radio Hilfe zu holen, was den inzwischen in Skipperallüren aufgehenden George noch mehr in Rage versetzt.
"Gabi, Gabi", höre ich Dieter auf einmal vom Land herüberschreien. Er hat das Ganze von einem Hügel aus beobachtet und ist im Laufschritt zurückgekommen. Schnell springe ich ins Dingi und hole ihn an Bord.

Zuerst wird mit Ruhe überlegt, was zu tun ist. Dann bereiten wir einen zweiten Anker vor, bringen diesen aus, und ziehen uns langsam mit Hilfe der Kurbel vom Riff. Der stabile Stahlrumpf hat nur einige Kratzer abbekommen, aber wir haben vorerst genug von dieser "paradiesischen" Bucht und motoren einige Meilen nach Norden, wo wir nochmals vor einem Motu ankern. Der unvergleichliche Sonnenuntergang hinter den bereits sichtbaren markanten Gipfeln von Bora-Bora führt auch diesen Tag noch einem geruhsamen Ende zu. Wir essen im Cockpit zu Abend und zum herzhaften Cordon-Bleu gibt es zur Feier des Tages eine Flasche Rosé aus unserem Weinkeller, einem Pappkarton in meiner Kabine.
Schon auf Huahine hat man uns von den wunderschönen Schnecken erzählt, die am Riff von Tahaa zu finden sind. Also begeben wir uns, ausgerüstet mit Schnorchel, Maske, Flossen und Messer, zur Expedition ins Riff. George bleibt wie immer an Bord. Ihn hat noch nie etwas anderes als Bier oder Frauen an Land gelockt. Ist auch besser so, denn ich habe mich am Vortag sehr über sein Auftreten geärgert.
Zunächst sind wir enttäuscht. Nichts als tote Korallen, Seegurken und Seeigel. Da entdeckt Anne Spuren im Sand. Die Tiefe, zwei bis drei Meter, stimmte auch. Nun kanns losgehen! Kurz darauf höre ich auch schon einen Freudenschrei aus Annes Kehle. Stolz hält sie das Prachtexemplar, eine etwa 15 Zentimeter lange, fein gezeichnete Schraubenschnecke aus dem Wasser. "Ihr müßt nur den Spuren folgen, und am Ende mit dem Messer tief in den Sand stechen!" Toll, das klappt ja tatsächlich. Auch ich finde meine erste Schnecke und gleich darauf noch weitere. Wie erfolgreiche Schatzsucher tauchen wir das ganze Gebiet ab, bis wir vor Kälte zittern. Glücklich mit unseren Funden — außer Dieter, der muß leer ausgehen — fahren wir in Handtücher gehüllt zurück zur Klaus.
Vom Jagdfieber gepackt, geht es am nächsten Tag gleich wieder ans Riff. Dieter hat den Sauerstofftank dabei, um einen Ausflug in die tieferliegenden Korallengärten zu unternehmen, während wir uns auf die Suche im Flach-

wasser begeben. Auch diesmal mit Erfolg. Eine Giftwalze und verschiedene Kugelschnecken werden meine Sammlung bereichern.
Beim Landgang lernen wir Naomi, eine junge Inselbewohnerin, kennen. Sie sitzt am Wegrand und arbeitet an einem Bastrock. In Papeete waren mir die tahitianischen Trachten zu teuer, daher frage ich Naomi, ob sie mir nicht ein Kostüm verkaufen möchte. Sofort nimmt sie uns alle mit in ihr Haus und zeigt uns verschiedene Baströcke, fein verarbeitet, mit Muscheln und Samenkörnern verziert. Auch Anne und Monika sind begeistert. Naomi verspricht, für den kommenden Tag noch die dazugehörigen Tities (Oberteile) und Hüte anzufertigen. Der Preis beträgt nicht einmal ein Drittel dessen, was man in Papeete zahlen müßte.
Am nächsten Morgen — an Bord ist schon alles für die Weiterfahrt vorbereitet — fahren wir nochmals an Land. Naomi erwartet uns schon mit ihren sauber herausgeputzten Kindern im Garten. Liebevoll hat sie die Röcke, Tities und Hüte auf einem Tisch ausgebreitet. Die Kinder sind ebenso überdreht wie wir und springen lachend und kreischend um uns herum, als wir die Trachten anprobieren. Für Fotos wird bereitwillig Aufstellung genommen. Sogar das Wohnzimmer mit den vielen bunt bestickten Kissen stellt man uns für die Aufnahmen zur Verfügung. Zum Abschied werden wir mit Muschelketten, frischen Vanilleschoten und einer Bananenstaude aus der hauseigenen Plantage beschenkt. Welch seltenes Erlebnis in dem vom Tourismus nicht gerade verschont gebliebenen Polynesien. In Pappkartons verpackt bringen wir unsere Kostbarkeiten auf die Klaus.
Kaum sind wir zurück an Bord, ist schon alles bereit zum Weitersegeln. Nur noch den zentnerschweren Anker mit der Winde an Bord bringen, dann laufen wir aus.
Anne hat eine heftige Auseinandersetzung mit George, weil dieser wieder einmal alles besser wissen will. Sie tut mir leid, denn auch mich bringt seine aggressive Art oft den Tränen nahe. Wenn er doch bloß von Bord gehen würde. Dafür würde ich liebend gerne zwei Stunden länger Ruderwache schieben.

Auf dem Weg nach Bora-Bora (links neben den Bananen)

Wenige Stunden später laufen wir Bora-Bora an. "Bora-Bora liegt 270 Kilometer nordwestlich von Tahiti, 40 Kilometer nordwestlich von Raiatea und 85 Kilometer nordwestlich von Huahine. Ohne Übertreibung kann sie als die schönste Südseeinsel bezeichnet werden. 600 Meter steil ansteigende Felsenberge, weiße Sandstrände, Palmen an grünblauen Buchten und weißer Hibiskus an den Berghängen." Auswendig kenne ich diesen Abschnitt aus meinem Reiseführer, den ich unzählige Male gelesen habe, wenn ich daheim in Deutschland über der Weltkarte saß und in Gedanken die entlegendsten Winkel der Erde bereiste. Leider regnet es in Strömen, und von den "Felsenbergen" ist im Schleier der Wolken nur wenig zu erkennen. Wir spielen eine Runde Karten und hauen uns schon früh in die Falle.
Am nächsten Morgen mache ich mich zeitig auf den Weg in den Ort Vaitape, um Brot und Eier einzukaufen. Es ist jedesmal ein berauschendes Gefühl, den Fuß auf eine "neue" Insel zu setzen — fast so, als hätte man sie selbst entdeckt.
Nach dem Frühstück widme ich mich mehr oder weniger freiwillig der Reinigung meiner Schnecken. Mit alten Zahnbürsten, Drähten und Angelhaken rücke ich den

Weichtieren zu Leibe. Die noch lebenden Tiere kommen in kochendes Wasser. Der Gestank ist unerträglich. Eine kaum angemessene Strafe für das Töten dieser armen Kreaturen. Irgendwann habe ich dann wirklich mehr als genug vom Schneckenputzen, schwimme stattdessen lieber einige Runden ums Boot und mache mich landfein; Dieter hat nämlich zu einem Sundowner im Jachtclub eingeladen.

Dort treffen wir auch Terry, einen Einhandsegler aus Norwegen. Monika und Dieter kennen ihn schon länger. Seine 6-Meter-Jacht nennt er Coco-Loco — verrückte Kokosnuß. Ein Name, der selbst den verbissensten Zollbeamten zu jeder Zeit ein Lächeln abnötigt. Ich bewundere, wie er auf seinem winzigen Schiffchen ganz allein die Weltmeere überquert. Es ist auch mein Traum, einmal auf "meiner" Jacht die Welt zu umsegeln und dabei mein eigener Skipper zu sein. Träume werden wahr, das habe ich nun schon oft genug erlebt. Wir laden Terry zum Abendessen auf die Klaus ein und beschließen, am nächsten Tag alle gemeinsam die Insel zu durchstreifen.

Schon morgens um sieben Uhr sind wir mit dem Dingi am Kai, denn um diese Zeit ist es noch nicht so heiß. Et-

Bizarre Berge auf Bora-Bora

was verschlafen marschieren wir los. Der zutrauliche Hund des Jachtclubbesitzers schließt sich uns an, doch schon im nächsten Dorf haben wir Schwierigkeiten mit ihm, denn die herumstreunenden Hunde verteidigen mit lauten Gebell und wütenden Angriffen ihr Revier. Die Dorfbewohner sind sehr freundlich und zeigen uns den Weg, der vorbei an blühenden Hibiskusbüschen über den Bergkamm unterhalb des 600 Meter hohen Vulkans Mount Pahia zur anderen Seite der Insel führt. Bereits um 9 Uhr sind wir auf dem höchsten Punkt des Pfades und genießen die traumhaft schöne Aussicht über die Lagune und die umliegenden Motus. Imposant ragt die hohe Felswand neben uns auf. Für die Inselbewohner ist es ein heiliger Berg, da früher ein Gott dort oben gelebt haben soll. Nach der Sage stieg der Gott Oro auf einem siebenfarbigen Regenbogen vom Himmel herab und ließ sich auf dem Gipfel nieder.

Der Abstieg ist weniger mühsam. Der Pfad führt entlang eines Flußlaufs zur Straße hinunter. Wir haben Glück, denn kaum haben wir die Straße erreicht, hält auch schon ein "Truck" — ein offener Bus — an, und wir können mit bis Vaitape fahren. Dick, der Hund aus dem Jachtclub bleibt an unserer Seite bis wir wieder im Ort zurück sind.

An einem anderen Tag mieten Anne und ich uns Fahrräder und radeln entlang der 32 Kilometer langen Straße um die Insel. Am Morgen ist es noch leicht bewölkt und die bizarren Berggipfel sind verdeckt, doch je weiter wir fahren, desto stärker scheint die Sonne, und die Lagune leuchtet in den intensivsten Blautönen. Am feinen, weißen Sandstrand des Bora-Bora-Hotels machen wir Rast und baden in der schon fast kitschig schönen Lagune. Weiter führt die Straße durch schattige Palmenhaine. Hin und wieder passieren wir Hütten, deren Bewohner kleine Straßenstände aufgebaut haben und Muschelketten und Schnecken an vorbeikommende Touristen verkaufen.

In Anau, einem kleinen Dorf, kaufen wir uns frisches Brot, Käse und etwas zu trinken. Im Schatten eines Fales — das ist ein polynesisches Haus, das mit Palmdächern

gedeckt ist — machen wir ein Picknick und eine kurze Siesta. Auch am Nachmittag stoppen wir an jedem Strand, um nach Muscheln und Schnecken zu suchen. Auf den letzten Kilometern bin ich aber dann doch ziemlich geschafft. Die kleinsten Unebenheiten in der Straße machen sich schmerzlich bemerkbar. Mit schwachen Knien sitzen wir beim Sonnenuntergang im Jachtclub, doch für eine Runde Darts mit einigen anderen Jachties reicht die Energie noch aus.
Wir haben eine herrliche Zeit auf Bora-Bora, die noch schöner sein könnte, wenn die ständigen Zankereien mit George nicht wären. Eines Morgens erwache ich, als eine heftige Diskussion zwischen Anne und ihm im Gange ist. Anne macht ihm mit treffenden Worten den Vorschlag von Bord zu gehen: "Mit dir hat Dieter nur ein Crewmitglied und drei Köche. Würdest du aber verschwinden, so hätte er drei Crewmitglieder, die noch dazu prima kochen können." Das sitzt! Ohne Frühstück ist er auf und davon. Noch am gleichen Tag macht er Dieter die Mitteilung, daß er ein anderes Boot gefunden habe. Er käme mit den Frauen an Bord nicht klar. Sein Abschied treibt mir nicht gerade das Wasser in die Augen. Dieter ist es ebenfalls recht, denn auch er hat deutlich gespürt, wie sich die Stimmung an Bord zugespitzt hat. Nachdem George jetzt endlich weg ist und Ruhe sein könnte, habe ich eine Auseinandersetzung mit Dieter. Schon seit drei Wochen bitte ich ihn, mir die vielen Dinge an Deck zu erklären, die ich von meinen vorherigen — wesentlich kleineren — Jachten nicht kenne. "Ach, das lernst du alles mit der Zeit", ist das einzige, was er mir dazu zu sagen hat. Nun ist es soweit, ich soll die Bremse am Hauptsegel lösen. Mein Gott, Bremse am Hauptsegel, davon habe ich noch nie in meinem Leben gehört. Ich muß zweimal nachfragen, kann aber das blöde Ding nicht finden, woraufhin Dieter der Geduldsfaden reißt und er mich zusammenschreit. Nun platzt mir aber auch der Kragen: "Schon seit drei Wochen bitte ich dich, mir alles an Deck zu erklären. Aber nein, das lerne ich ja alles mit der Zeit. George hast du schon am zweiten Tag alles erklärt, während ich nach all den Wochen

an Bord lediglich weiß, wo sämtliche Kochtöpfe und Pfannen stehen, das Geschirrspülmittel und die Lebensmittelkonserven." Ich komme immer mehr in Fahrt, besonders als Dieter ganz nebenbei bemerkt: "Das hättest du ja sowieso alles wieder vergessen."
Nun bin ich außer mir. "Ich habe geputzt um Französisch zu lernen, im Haushalt gearbeitet um Englisch zu lernen. Mir reicht's, ich werde nicht die dumme Köchin spielen, um nach Neuseeland zu segeln!" Scheiß Männerwelt.
Zur Beruhigung segeln Anne und ich auf dem kleinen 6-Meter-Katamaran eine Runde in der Lagune. Zuerst bin ich Skipper und gebe die Kommandos. Das klappt prima. Danach ist Anne Kapitän. Wir haben viel Spaß auf dem schnellen, wendigen Katamaran.
Am Abend ist der Streit schon fast vergessen. Dieter ist kein Mensch, dem man lange böse sein könnte, und ich bin nicht nachtragend. Zur Versöhnung trinken wir bei Sonnenuntergang zusammen eine Flasche Wein an Deck.
Oft segeln wir mit dem Katamaran zu einem der vielen Motus um dort zu Schnorcheln. Bei solch einer Expedition finde ich eine wunderschöne Tigerschnecke, das erste Exemplar dieser Art für meine Sammlung.
Aus Tahiti ist die Taporoo Zwei, das Schiff, das zwischen den Inseln über dem Wind hin- und herfährt, eingetroffen. Das ganze Dorf ist auf den Beinen, um Eier und sonstiges Frischzeug einzukaufen. Auch wir decken uns für die Weiterfahrt ein.
Zehnter und letzter Tag auf Bora-Bora. Es regnet in Strömen. Eingemummt in unser Ölzeug gehen wir ins Dorf zum Ausklarieren. Ohne Probleme zahlt man mir das in Papeete hinterlegte Geld in der gleichen Währung wieder aus. Wir werden zwar noch eine letzte Insel in Französisch-Polynesien anlaufen, aber auf dem winzigen Maupiti gibt es weder Bank noch Zollamt.
Schon um sechs Uhr früh am nächsten Tag heißt es: "Aufstehen! Lazy Gabi, lazy Gabi!" Deutlicher geht es nicht. Schnell bin ich auf den Beinen, um einen starken Kaffee zu kochen. Wir wollen so früh wie möglich auslaufen, um den tückischen Paß vor Maupiti noch bei gu-

tem Licht zu erreichen. Die beiden schweren Anker an Bord zu holen reicht aus, um mich — noch halb verschlafen — schon außer Atem zu bringen. Der ideale Frühsport! Nur noch Hauptsegel und Genua rauf, und wir rauschen davon.

Maupiti ist schon von Bora-Bora aus zu erkennen, doch der schwache Wind will uns nicht so recht vorwärts bringen. Trotzdem schaffen wir es, zur Mittagszeit, also beim höchsten Stand der Sonne, vor dem Paß zu sein. Der Wind bläst aus Süden, der unpassendsten Richtung, aber zum Glück nicht sehr stark. Wir wollen es probieren. Zwei Fischerboote geben uns mit Handzeichen die günstigste Ausgangsposition an. Trotz all unserer Zweifel und der allgemeinen Behauptung in Seglerkreisen, es sei einer der gefährlichsten Pässe Französisch-Polynesiens, klappt die Einfahrt tadellos. Die tiefe Fahrrinne ist markiert, und deutlich zeichnen sich die Korallenköpfe in dem klaren Wasser ab, sodaß wir sie mühelos umfahren können.

Wir ankern inmitten der tiefblauen Lagune, wo ein verhältnismäßig großes Gebiet ohne Korallen ausreichend Platz zum Schwojen läßt. Das ist das Drehen und Schwingen eines vor Anker oder an einer Boje liegenden

Mein Paradies in der Südsee: Maupiti

Schiffes unter dem Einfluß von Wind und Strömung. Keine andere Jacht ist da.
Hier werden wir eine Weile bleiben, schließlich ist es das letzte Atoll, das wir in dieser Inselgruppe anlaufen. Bereits nach wenigen Stunden stellen wir einstimmig fest: Es ist die schönste Südseeinsel überhaupt! Die hohen Klippen mit der verschwenderischen Vegetation, bunte Häuser unter Palmen und Frangipani-Bäumen am Ufer, die traumhafte Lagune und mit Palmen bewachsene Motus — das alles ist noch schöner, da es kaum einen Touristen auf die Insel verschlägt.
Beim ersten Landgang herrscht typische Samstagnachmittagsstimmung: sauber gekleidete Dorfbewohner auf dem Weg zur Messe, aber auch besoffene Männer mit Bierflaschen am Wegrand hockend oder Kleinkinder, deren Spielzeug sich auf Zitronen und leere Schachteln beschränkt, in Wassereimern planschend.

Babysitting
in Polynesien

Am Strand sammeln wir Einsiedlerkrebse, die wir in einem Blecheimer mit an Bord nehmen um darauf zu warten, daß sie aus ihren Häuschen krabbeln, damit wir diese unserer Sammlung hinzufügen können. An Bord gibt es Kaffee und selbstgebackenen Kuchen. Langsam versinkt die Sonne im Meer und wirft ihre letzten Strahlen auf den 376 Meter hohen, steil aufragenden Teurafatiu, um abschließend den Horizont verschwenderisch in dunklem Orange erleuchten zu lassen.
Ich liege bis spät in die Nacht briefeschreibend an Deck. Es ist so windstill, daß die Flamme meiner Kerze nicht einmal flackert. Die Berggipfel spiegeln sich im ruhigen Wasser der Lagune. Der Vollmond läßt den weißen Sand an den Motus aufblitzen, während sich die Wellen in tosender Brandung am Riff brechen. Joan Baez singt auf der Kassette und sogar das helle Knacken, wenn die Einsiedlerkrebse bei ihren Fluchtversuchen aus dem Blecheimer immer wieder auf den Boden zurückfallen, wird Teil dieser romantischen Kulisse. Ich kann mir nur schwer vorstellen, wie meine Freunde daheim die Tage im Büro, an der Uni und in verräucherten Kneipen zubringen. Eigentlich schade, daß sie nun nicht bei mir sein können. "Alle netten Leute in einen Düsenjet laden, und für eine Woche nach Maupiti fliegen." Diese Idee finde ich ausgezeichnet. Schade, daß sie sich so schwer verwirklichen läßt, aber vielleicht auch ganz gut so, sonst würden auch hier viele Hotels entstehen und lärmende Urlauber den Strand belagern.

RAROTONGA
(COOK-INSELN)

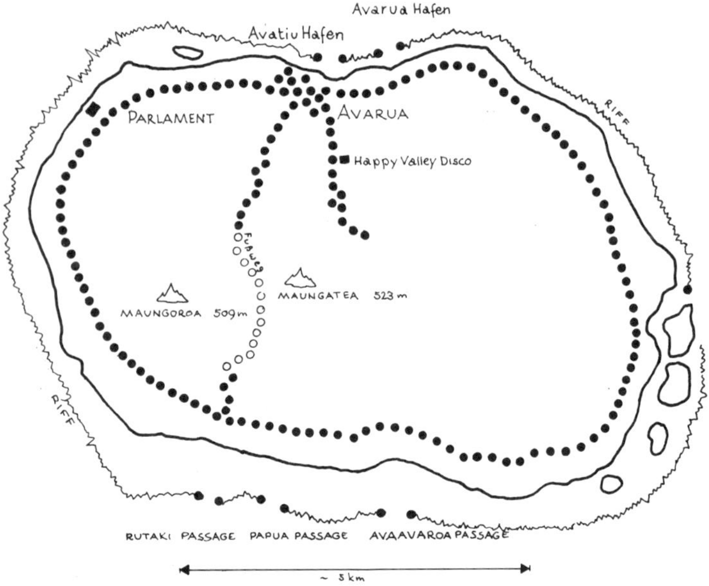

Cook Inseln

Nachdem sämtliche — stinkende und nicht mehr stinkende — Muscheln in Gläser verpackt sind, der Katamaran auseinandergenommen und zusammen mit dem Dingi an Deck verstaut ist, können wir zu unserer nächsten Etappe auslaufen, etwa 600 Seemeilen bis Rarotonga.
Es ist auch dieses Mal kein Problem, durch den Paß zu fahren, doch hinter dem Riff sitzen wir erstmal für sechs Stunden in der Flaute. Da helfen keine Segel, Maupiti will nicht kleiner werden. Erst als Regenwolken auftauchen, kommt auch der Wind und bläst uns, gerade so als ob er die verlorene Zeit wieder aufholen wolle, mit 30 Knoten voran. Es dauert nicht lange und wir haben das wohlbekannte flaue Gefühl im Magen. Anne hängt über der Reling und füttert die Fische. Am Abend gibt es statt Hühnergulasch für jeden ein Stück Zwieback.
22.20 GMT, Lat. 17°28', Long. 154°36' — so spuckt der Navigator die Position der Klaus aus, als am 2. Tag auf See ein Satellit im richtigen Winkel über uns fliegt.
Um sechs Uhr früh übernehme ich nach sechs Stunden Schlaf meine Ruderwache. Der gleiche Wind und die gleiche rauhe See wie tags zuvor. Es wird schon langsam hell, aber der Mond steht noch immer am Himmel. Die anderen schlafen fest, und ich bleibe anstatt meiner zwei gleich drei Stunden am Ruder sitzen.
Den ganzen Tag über gibt es keine großen Aktivitäten an Bord, denn wir fühlen uns alle noch nicht so wohl. Unser Kurs beträgt 200° — das bedeutet, wir segeln etwa in südwestlicher Richtung, damit wir sicher sein können, die kleine Insel Mauke, nordöstlich von Rarotonga, zu umfahren. Als ich am Abend von 22 Uhr bis Mitternacht meine Ruderwache übernehme, erhellt wieder der fast volle Mond die Nacht.
Am dritten Tag spüre ich langsam, daß wir uns wesentlich südlicheren Breiten nähern. Während meiner Wa-

che friere ich trotz langer Hosen und dickem Pullover. Die See hat sich unter dem abgeschwächten Wind bedeutend geglättet.
Unsere letzten Baguettereste sind aufgegessen und ich backe ein Vollkornbrot. Monika ist den ganzen Tag damit beschäftigt, unsere Position aufgrund ihrer Sextantenmessungen auszurechnen, was aber nicht so recht gelingen will. Sie hat Angst, der Satellitennavigator könnte eines Tages einmal ausfallen, und möchte aus diesem Grund die Astronavigation nicht verlernen. Dieter pumpt die Bilge — die tiefste Stelle im Schiffsrumpf, wo sich eingedrungenes Wasser, Schwitzwasser sowie Öl sammeln können - von Hand aus, da von den drei automatischen Pumpen inzwischen keine mehr funktioniert.
Eine schlechte Nachricht erreicht uns am 4. Tag über Funk: "Der Hafen von Rarotonga wird ausgebaut, Fahrtenjachten erhalten lediglich eine Aufenthaltserlaubnis von 12 Stunden." So ein Ärger! Das reicht gerade aus um die Post abzuholen und das Nötigste einzukaufen. Dieter will versuchen einen Motorschaden vorzutäuschen, um vielleicht doch einige Tage länger bleiben zu können.
Nachmittags gibt es ein außergewöhnliches Ereignis. Wir haben zwei Doraden an den beiden Angelleinen. Ist das eine Aufregung! Dieter mißt die beiden Kolosse mit 1,30 Meter und 1,50 Meter. Beim Anblick des anschließenden Gemetzels geht es meinem Magen schlechter als bei der rauhen See an den ersten Tagen. Trotzdem filme ich das Fischerglück einige Sekunden lang mit Monikas Kamera. Abends gibt es zum frischen Fischfilet in Butter gebackene Bananen — es ist wieder einmal so weit, die letzte Bananenstaude von Maupiti ist reif, und wir müssen innerhalb von 2 bis 3 Tagen fast 200 Bananen verzehren.
Als ich am 5. Morgen ins Cockpit trete, gibt es einen wunderschönen Sonnenaufgang zu bestaunen; aber was noch wichtiger ist: Rarotonga zeichnet sich deutlich am Horizont ab. Zur Mittagszeit haben wir uns bis auf wenige Meilen dem Avatiu-Hafen genähert. Dieter

Die Klaus im
Rarotonga Harbour

nimmt Radiokontakt mit dem Hafenmeister auf, der wie erwartet in keiner Weise begeistert ist. Erst nach langem Verhandeln genehmigt er uns 48 Stunden. Das ist für den Anfang gar nicht schlecht.

Ein Empfangskomitee von Hafenarbeitern erwartet uns an der Pier und hilft beim Vertäuen der Leinen. Vier weitere Jachten und zwei neuseeländische Cargoschiffe liegen außer uns in dem winzigen Hafen. Zunächst müssen die Formalitäten erledigt werden: Immigration, Gesundheitskontrolle und ein kurzer Check der Agrarbehörde, die darauf besteht, das Innere der Klaus mit Insektenvertilgungsmittel auszusprühen.

Wir staunen nicht schlecht, als vom Kai ein Mann herüberruft: "Ist bei euch eine Anne aus Kanada an Bord?" Natürlich, wir haben eine Anne, aber worum geht es denn?

"Wir haben soeben einen Telefonanruf aus Kanada er-

halten. Viele Grüße vom Schwiegersohn, die Anne von der Klaus Störtebecker ist vor einer Stunde Oma geworden!"
Das muß gefeiert werden.
Schon fast drei Monate habe ich keinen Brief mehr von zu Hause bekommen, und ich kann es kaum noch abwarten, auf dem Postamt von Avarua, dem Hauptdorf der Insel, meine Post abzuholen. Es erwartet mich allerdings eine Enttäuschung. Nur fünf Briefe, nicht ein einziger von meinen Eltern. Seltsam, irgend etwas stimmt doch da nicht!
Plötzlich spricht mich ein junger Mann an. Er heißt Manfred und ist aus München. Ich bin sofort hingerissen. Er ist braungebrannt, groß, sportliche Figur und noch dazu unwahrscheinlich nett. Anne und ich sind mittlerweile das unausgewogene Mann-Frau-Verhältnis an Bord leid, und ich frage Manfred spontan, ob er kein Interesse hat, auf unserer Jacht mit nach Tonga zu segeln. Wir brauchten dringend Crewmitglieder, und er sei herzlich willkommen. "So ein Pech", ist seine Antwort. "Segeln wollte ich schon immer gern, aber leider fliege ich morgen nach Fidschi." Schade, der Typ könnte mir gefallen.
Auch Anne ist nicht untätig. Sie hat Joe, einen Amerikaner, im Supermarkt kennengelernt. Leider besitzt auch dieser nette Mensch für den kommenden Tag ein Flugticket nach Fidschi.
Viel Zeit für Männersuche bleibt uns nicht mehr. Beim Sonnenuntergang schlendere ich hinunter zum Strand, nicht ohne im Ort nochmals nach Manfred Ausschau zu halten.
Zum Abendessen lädt uns Dieter ins "Hibiscus-Restaurant" ein, wo wir Annes freudige Nachricht mit etlichen Gläsern Wein begießen.
Beim Frühstück am nächsten Morgen staune ich nicht schlecht, als auf einmal Joe seinen Kopf durch die Eingangsluke steckt und kurz darauf Manfred. Die beiden wollen sich mit unserem Skipper unterhalten und sind bereit, die Flugtickets nach Fidschi umzutauschen. Na prima! Dieter ist es genauso recht wie uns Frauen, daß seine männliche Monopolstellung ein Ende nimmt.

Am folgenden Tag ziehen unsere beiden neuen Crewmitglieder auf die Klaus um. Es regnet noch immer in Strömen. Die Aussage aus meinem Reisehandbuch scheint sich zu bewahrheiten: "Die meiste Zeit hängen Regenwolken über Rarotonga."
Ted Lewis, den Hafenmeister, haben wir zum Abendessen eingeladen, und siehe da, nach einigen Bieren ist er bereit, unsere Aufenthaltserlaubnis um acht Tage zu verlängern. Einzige Bedingung: "Ihr müßt Platz machen, sobald ein Cargoschiff sich im Hafen bewegt!"
Wir wissen noch nicht, daß dies bedeutet, in acht Tagen zehnmal den Liegeplatz zu wechseln.
Die Klaus ist längsseits mit einem großen Schiff vertäut und wir sitzen gemütlich in meiner Kabine, als plötzlich Dieter aus dem Cockpit schreit: "Oh shit! Everybody on deck! Quick!" Schnell stürzen wir raus und trauen unseren Augen nicht. Da haben einige besoffene Typen doch tatsächlich die Leinen gelöst, und unsere Jacht driftet geradewegs auf einen amerikanischen Schoner zu. Dieter schmeißt schleunigst den Motor an, während wir uns mit Fendern bereithalten, den Zusammenstoß zu dämpfen. In letzter Minute haben wir die Klaus unter Kontrolle. Diesmal geht es zurück ans Schwimmdock, von Cargoschiffen haben wir vorerst die Nase voll.
Unser Skipper zieht es am Abend vor, an Bord die Stellung zu halten. Ich gehe mit Manfred ins Kino. Für 1,50 DM schauen wir uns gleich zwei Filme an. Anschließend gehts in die Disco. Im Banana-Court biegt sich ab 22 Uhr die Tanzfläche. Die Banana-Court-Band heizt ordentlich ein, so etwas habe ich in ganz Polynesien noch nicht erlebt. Ich kann kaum fassen, wie die Jungs hier, selbst die kleinen Drei-Käse-Hochs, einen Breakdance auf die Tanzfläche legen, der nichts zu wünschen übrig läßt. Als würden sie den ganzen Tag im Central-Park herumlaufen und nicht im Auslegerboot zum Fischen fahren. Eine verrückte Insel! Zurück an Bord ist für uns beide klar, daß wir die Nacht, oder besser gesagt, das, was davon noch übrig ist, gemeinsam verbringen. Ein Grinsen geht über die Gesichter, als wir am Morgen zum Frühstück erscheinen.

Manfred hat immer noch seinen Mietwagen, und so fahren wir am Nachmittag zum Parlamentsgebäude, um einer Debatte beizuwohnen. Seit 1965 haben die Cook Inseln eine eigene Regierung, auch wenn sie noch immer sehr eng mit Neuseeland verbunden sind. Die Legislative besteht aus 22 gewählten Mitgliedern. Sie sind zuständig für die Inselgruppe. Von Februar bis März und von Juli bis September tagt die Nationalversammlung in diesem Gebäude. Das mittelgroße Fertighaus entspricht überhaupt nicht meinen Vorstellungen eines Parlamentsgebäudes, und der mit leeren Bierflaschen gerahmte Pfad zum Eingang erinnert an deutsche Schrebergartenidylle. Die Sitzung gibt den Anschein einer Stammtischrunde, und ein in Cordjacke mit Yamaha-Aufkleber lässig gekleideter Minister hätte ebensogut Sheriff in einer kanadischen Kleinstadt sein können.
Am nächsten Tag mache ich trotz Regenwetter eine Tramptour um die Insel. Die ersten Minuten stehe ich an der falschen Straßenseite, bis mir klar wird, daß ja hier, wie in vielen Commonwealth-Ländern, Linksverkehr herrscht. Zwei Touristen aus Neuseeland, Fred und Cheryll, halten an und nehmen mich mit auf ihrer Inselrundfahrt. Wir passieren Tomatenfelder, Plantagen mit Grapefruits und Orangen, außerdem bewässerte Felder, auf denen Taro, ein stärkehaltiges Knollengewächs, das in der Südsee zu den Grundnahrungsmitteln zählt, angepflanzt wird.
Alte polynesische Maraes stehen versteckt unter Bäumen am Straßenrand. Wir stoppen an der idyllischen Muri-Lagune, wo auch einige Frauen Muschelketten und Schmuck aus Seeigelstacheln verkaufen.
Wir fahren weiter zum Hotel Rarotonga, wo mich Fred und Cheryll zu einem Drink einladen. Als ich weiter will, lassen sie es sich nicht nehmen, mich zurück zum Boot zu bringen. Da ich weiß, wie gastfreundlich mein Skipper ist, lade ich sie ein, zu einem Kaffee an Bord der Klaus zu kommen. Zum Abschied geben sie mir ihre Adresse in Auckland, wo ich vorbeikommen soll, wenn ich in Neuseeland bin.
Mittlerweile hat sich das Rätsel um meine Post gelöst.

Versehentlich hatte ich meinen Eltern die falsche Adresse geschickt. Die Anschrift auf meinen Briefen lautet nicht Rarotonga, sondern Rangiroa. Das ist ein Atoll in den Tuamotus, aber auch ein kleiner Ort auf der Südinsel Neuseelands. Es war reiner Zufall, daß ich überhaupt einige Briefe vorgefunden habe.
Es regnet schon seit sieben Tagen unaufhörlich und wir beschließen, trotz tobender Winde, Richtung Tonga zu segeln. Die Tanks werden mit Frischwasser gefüllt, die Staufächer unter den Sitzbänken mit Lebensmitteln. Zum Abschied dinieren wir noch einmal im Hibiscus-Hotel.
Als wir dann schließlich Segel setzen, herrscht guter Wind und strahlender Sonnenschein. Manfred ist begeistert: "Genauso habe ich mir die Segelei vorgestellt!" Die Pillen gegen Seekrankheit und die Stickers — kleine Pflaster, die man hinters Ohr klebt um den Gleichgewichtssinn zu beeinflussen, scheinen unnötig gewesen zu sein. Leider aber nur die ersten Stunden, danach ist die Hochstimmung vorüber und unsere beiden "Neuen" liegen flach im Cockpit. "Ein bis zwei Tage, dann ist alles vorbei", tröste ich sie.
Von einem geangelten Barracuda bewundern wir das furchterregende Gebiß, dann setzt Dieter ihn wieder ins

Wunderbares Segelwetter

Wasser. Barracudafleisch ist nach seiner Erfahrung ungenießbar.
48 Stunden nachdem wir Rarotonga verlassen haben, ist der Traum vom regelmäßigen Passatwind aus. Vier Tage lang sitzen wir in der Flaute, und das Schlagen der Segel drückt auf unser aller Gemüter. Der Aussage erfahrener Segler, daß kein Wind nervenzerreißender ist als zu starker, kann ich nur beipflichten. Manfred ist trotzdem seekrank. Langsam wird er sich der Tatsache bewußt, daß er für die nächsten Wochen seinen Terminkalender vergessen kann. Acht Tage hatte er für die Reise eingeplant, und nun ist er bereits seit fast zwei Wochen an Bord.
Einstimmig wird beschlossen, die 220 Seemeilen vor Tonga liegende Insel Niue anzulaufen. Statt draußen auf dem Meer zu sitzen, wollen wir uns dort einmal umschauen.
Niue, ein gewachsenes Atoll, wird von hohen Klippen geprägt. Das umliegende, bis zu 100 Meter breite Riff liegt bei Ebbe gänzlich frei, so daß man es bequem erforschen kann. Auch die Höhlen, viele davon mit Stalaktiten und Stalagmiten, sind bei Ebbe leicht zugänglich.
Auf Niue leben noch etwa 3.000 Menschen, aber jedes Jahr wandern mehr nach Übersee ab, viele Leute leben heute bereits ganz in Neuseeland.
Wir möchten einen Wagen mieten und der junge Mann des Tauchausrüstungsverleihs bietet an, uns für 5 Dollar pro Kopf die Insel zu zeigen. Am Morgen holt er uns mit einem kleinen Bus an der Pier ab. Eine Straße führt auch hier rund um die Insel. Wir fahren zuerst zu den beiden leicht zugänglichen Meereshöhlen Avaika und Palaha und klettern hinein. Dies ist mit den glatten Gummischuhen, die eigentlich fürs Riff bestimmt sind, gar nicht so leicht. An einer anderen Stelle steigen wir etwa dreiviertel Stunde zu Fuß durch tropischen Regenwald hinab an die Küste. Es ist Ebbe und wir wandern annähernd zwei Stunden über das breite Riff. Hier liegt auch das Wrack eines japanischen Schiffes, das vor vielen Jahren einmal bei der Insel gestrandet ist. Auf dem Nachhauseweg kaufen wir einen großen Korb mit Zitronen für einen Dol-

lar bei Einheimischen. Die Passionsfruchtfabrik, in der Passionsfrüchte in Dosen und Gläser eingemacht werden, können wir nicht besichtigen. Da keine Erntezeit ist, ist sie ganz einfach geschlossen.
Als sich die Windsituation nach drei Tagen gebessert hat, kaufen wir noch einige Lebensmittel ein und setzen unseren Törn fort. Manfred zieht wieder mit seinem Schlafsack ins Cockpit, er kann keine fünf Minuten unter Deck bleiben, dann wird ihm schon schlecht. Nun müssen wir die Segelfläche verkleinern, denn zu schnell bläst der Wind uns nach Vava'u, der nördlichsten Inselgruppe Tongas. Nicht vor Morgengrauen wagen wir uns hinein in das Gewirr von 36 Inselchen. Das Geschaukel nimmt kein Ende, und kaum liege ich an diesem Abend in meiner Koje, als eine große Welle übers Deck schlägt, hinein in die offene Lucke meiner Kabine, und mich jäh aus dem ersten Schlaf reißt. Nicht nur ich bin pitschnaß, auch Leintücher und Matratze sind es. Der Grund für diese feuchte Überraschung war, wie sich später herausstellte, nicht beim starken Seegang, sondern bei Manfred zu suchen. Er hatte, als das Abendessen gerade wieder einmal unverdaut über die Reling gespuckt werden mußte, das Ruder für einen Moment aus den Augen gelassen, als eine Welle es herumriß und die nächste übers Deck schlug.
Gegen 8.30 Uhr können wir die ersten Umrisse der Inseln erkennen. Es regnet und die Sichtverhältnisse sind miserabel. Ein weiteres Segelboot taucht auf, mit Kurs auf Vava'u. Jetzt ist in Dieter der Kampfgeist geweckt. Er setzt sämtliche Segel, um schneller als das Rennboot zu sein, dessen schlanker, schwarzer Rumpf mühelos durch die Wellen schneidet. "Black Sheep" ist der Name dieser wunderschönen Jacht. Wir schaffen es nicht, das "Schwarze Schaf" einzuholen. Erst kurz vor dem Ort Neiafu rücken wir auf, allerdings nur aus einem Grund: wir motoren, Black Sheep ist noch immer unter Segel.

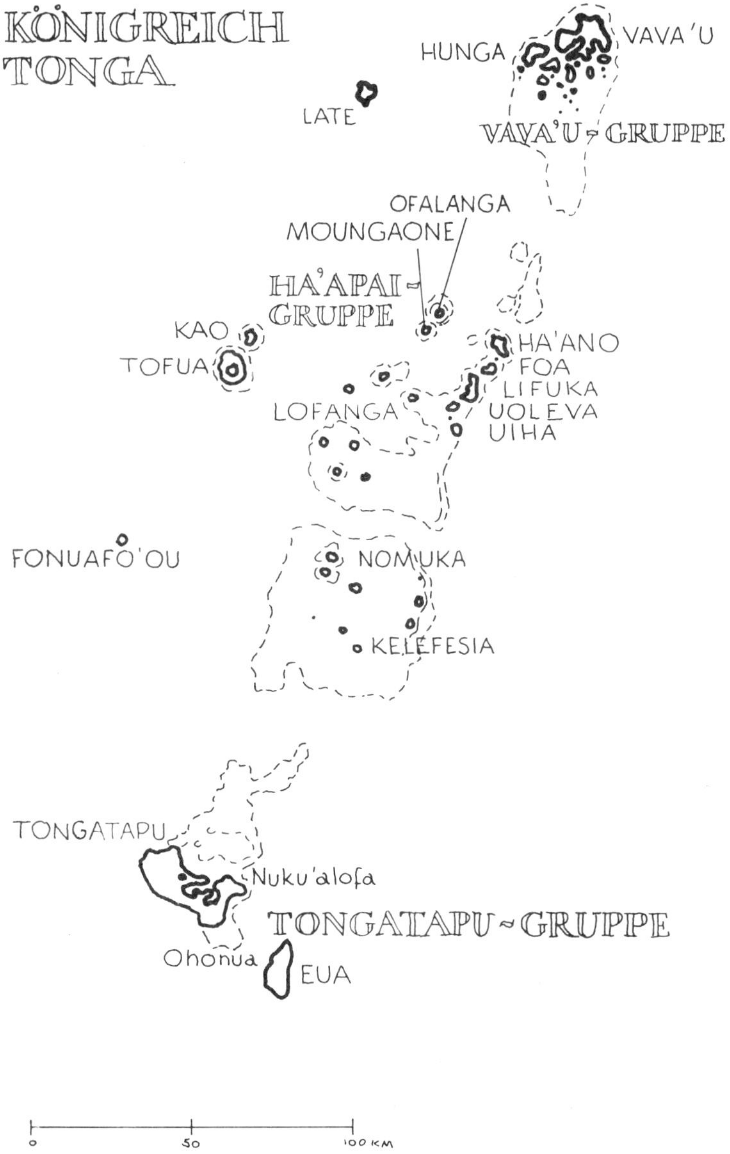
KÖNIGREICH
TONGA
HUNGA
VAVA'U
LATE
VAVA'U-GRUPPE
OFALANGA
MOUNGAONE
HA'APAI-GRUPPE
KAO
TOFUA
HA'ANO
FOA
LIFUKA
UOLEVA
UIHA
LOFANGA
FONUAFO'OU
NOMUKA
KELEFESIA
TONGATAPU
Nuku'alofa
TONGATAPU-GRUPPE
Ohonua
EUA
0
50
100 KM

Königreich Tonga

Es ist Samstag nachmittag, und obwohl wir nicht vor Montag einklarieren dürfen, bin ich nicht schnell genug an Land, um im Hotel Paradise nach meiner Post zu fragen. Beim genaueren Umschauen erkenne ich im Hafen mehrere bekannte Jachten, die uns auf vorherigen Inseln begegnet sind.
Der Sonntag ist auf Tonga absolut heilig; das wird sogar in der Verfassung der frommen Tonganer festgehalten. "Es ist verboten, am Sonntag zu arbeiten, zu spielen und Handel zu treiben." Nicht nur einmal am Tag geht die Bevölkerung in die Kirche, nein, von morgens bis abends kann ich die Klänge des Chorgesangs vernehmen. Das alles sehr zum Leidwesen unserer Jungs, die gerne aufs Surfbrett steigen oder eine Runde schwimmen würden — aber auch das ist verboten. Ich besuche sämtliche Bekannte auf den anderen Booten und habe vorschriftsgemäß einen geruhsamen Tag.
Zum Einklarieren am Montag müssen wir die Klaus ans Dock bringen. Die Männer tragen Hemden, wir Frauen Röcke. 20 Dollar Strafe sind fällig für den, der in der Öffentlichkeit zuviel nackte Haut zeigt. Strenge Sitten im exotischen Tonga.
Manfred erfährt, daß er frühestens in einer Woche nach Fidschi fliegen kann. Prima!
Mit Anne entdecke ich eine Bucht, in deren seichtem Wasser wir allerhand interessante Muscheln finden. Selbstverständlich können wir uns trotz aller guten Vorsätze nicht vor Einbruch der Dunkelheit losreißen. Am folgenden Tag müssen wir uns wohl oder übel der schlechten Seite des Muschelsuchens stellen, denn noch immer warten Gläser voll ungeputzter Muscheln im Vorschiff auf Reinigung. Ausgerüstet mit Eimern, Nadeln und etlichen Utensilien, verlegen wir unseren Arbeitsplatz zum Dock beim Hotel. Dort gibt es auch einen Wasserschlauch. Viele Zuschauer haben wir nicht. Der Ge-

stank hält alle fern. Aber auch wir haben bald im wahrsten Sinne des Wortes die Nase voll und bringen kurzerhand die ganze Sammlung zu einer einsamen Stelle am Strand, wo wir die stinkenden Raritäten in der Erde vergraben und auf die Hilfe von Ameisen und Insekten warten.

Wir segeln für ein paar Tage zum Ankerplatz Nr. 7. Merkwürdigerweise gebraucht in Vava'u keiner der Jachties die Namen der Inseln, sondern lediglich die Zahlen der von 1 bis 28 numerierten Ankerplätze. Bei den für uns oft unaussprechlichen Namen ist dies eine große Erleichterung.

Nr. 7 ist eine ruhige Bucht mit kleinem Sandstrand und dicht bewaldeten Hügeln. Wir erreichen sie schon nach wenigen Stunden. Vava'u ist wirklich ein Paradies für Segler. Kaum Riffe oder Untiefen, die Inseln ragen steil aus dem Wasser und haben fjordähnliche Buchten. 21

Idyllische Bucht auf Vava'u

der Inseln sind unbewohnt, doch in dieser Bucht besitzt eine Familie einige Hütten. Einmal pro Woche, wenn genügend Gäste sich eingefunden haben, wird mit der ganzen Verwandtschaft ein tonganisches Fest am Strand veranstaltet. Wir besuchen die Familie am Morgen, als die Vorbereitungen schon in vollem Gange sind. Fisch wird gekocht, Kokosnüsse werden geraspelt, Papayas geschält usw. Als Begrüßungsgeschenk erhält jeder von uns ein Fußkettchen aus Muscheln. "Dancing Bear" und "Il Shea", zwei befreundete Jachten, sind auch da.

Tonganischer Tanz

Am Nachmittag gehen wir alle gemeinsam zur Feier. Die Speisen garen bereits mehrere Stunden im Umu, dem aus heißen Steinen hergerichteten Erdofen. Kinder bieten Handarbeiten an. Manfred schenkt mir ein gewebtes Armband. Er ist wieder frohen Mutes, seit die Schaukelei ein Ende hat. Jeder Gast wird mit einer Kette aus weißen Frangipaniblüten geschmückt, anschließend führen die Frauen und Männer tonganische Tänze auf. Das aufreizende Hüftwackeln wie beim Tamuré in Französisch-Polynesien fehlt im gesitteten Tonga. Die Mädchen knien beim Tanz oder bewegen sich sanft. Wie überall

im Königreich ist es auch hier Brauch, die von Kokosöl glänzenden Arme und Schultern der Mädchen mit Geldscheinen zu bestücken.
Nun wird der Erdofen geöffnet und ein Duft, der einem das Wasser im Mund zusammenlaufen läßt, breitet sich aus. Wir setzen uns auf geflochtene Pandanusmatten um die reich gedeckte Tafel. Es gibt rohen und gekochten Fisch, Oktopus, Muscheln, Maniok, Süßkartoffeln, gebackene Papayas und vieles andere mehr. Einige Gerichte sind als Portionen in Bananenblätter gewickelt. Dieter meint dazu beim Öffnen der Päckchen, das sei ja wie bei uns an Weihnachten. Es schmeckt ausgezeichnet, unter Palmen, mit einem weiten Blick über die zauberhafte Bucht, wo unsere Klaus neben den beiden anderen Jachten vor Anker liegt. Bis spät in die Nacht tanzen wir zur Musik einiger junger Tonganer.
Bald kommt Manfreds letzter Tag an Bord. Dieter macht den Vorschlag, nach dem Abendessen ein Gläschen zusammen zu trinken und stellt eine Flasche Rum kalt. Monika schießt zur Erinnerung einige Bilder, was bei ihrer vorsintflutlichen Kamera mit Selbstauslöser große Erheiterung bringt. Manfred trägt ein Gedicht auf bayrisch vor, und ehe wir uns versehen, ist die Flasche Rum geleert. Es ist eine milde Vollmondnacht und wir beschließen, die zweite Flasche draußen im Cockpit zu trinken. Jetzt sind die Jungs nicht mehr zu bremsen und surfen einer nach dem anderen eine Runde auf dem Brett. Der Vollmond spendet — ihrer Meinung nach — genügend Licht. Wir haben eine Riesengaudi. Bei Tahiti-Musik von Monikas Kassette packe ich dann meinen Bastrock aus und lege einen Tamuré aufs Parkett, daß ich selber staune. Joe und Manfred sind nur noch mit zwei bunten Stofffetzen bekleidet und schwingen übermütig Ananas und Bananen aus unserem Obstkorb durch die Lüfte. Dieter öffnet die dritte Flasche Rum.
Wie lange die Party dauerte, weiß ich am Morgen nicht mehr. Jedenfalls finde ich mich an der Reling wieder, wo ich mich von dem Rum der vergangenen Nacht wieder trenne. Zwei Aspirin beruhigen meine Kopfschmerzen, als plötzlich Manfred neben mir steht. Ihm geht es auch

nicht besser als mir. Zu allem Übel muß er auch noch seine Sachen packen, denn um 12 Uhr fliegt die Maschine nach Tongatapu, der Hauptinsel. Der arme Manfred! Ob im Dingi, auf dem LKW oder im Dorf, ihm wird auf jeder Station zum Flugplatz schlecht. Nein, so hatte sich keiner von uns den Abschied vorgestellt. Als ich ihm zum Abschied zwei Muschelketten um den Hals hänge, huscht ein Lächeln über das geplagte Gesicht, mehr ist beim besten Willen nicht drin. Beim Anblick des winzigen Flugzeugs dreht sich sein Magen gleich wieder um, und mich wundert überhaupt nichts mehr, als plötzlich Joe angelaufen kommt und mit Manfreds Paß winkt. Den hatte er an Bord vergessen!
Na ja, es geht dann alles ganz schnell. Ist auch gut so. Joe findet einen LKW, mit dem wir zurück nach Neiafu fahren können. "Good bye, schön wars, schreib mal!" Manfred wird in seine Welt zurückkehren — Vaters Geschäft, die langjährige Beziehung zu seiner Freundin, ein geregeltes Leben in Deutschland. Wie weit mag ich wohl davon entfernt sein?
Unser nächstes Ziel ist Ankerplatz Nr. 28. Die Dancing Bear liegt dort auch schon vor Anker. Ein kleines friedliches Dorf, ohne Autos, Mofas oder brummende Genera-

Im gesitteten Tonga zeigt man kaum Haut

toren. Kinder spielen auf den Wegen, und gepflegte Hütten sind eingerahmt mit blühenden Büschen und Frangipanibäumen. Auch hier richten sich die Frauen nach den strengen Sitten. Knöchellange Röcke bedecken die nackten Beine. Wir zeigen uns abseits des Hauptdorfes etwas freizügiger. Monika trägt kurze Hosen, ich einen Pareu.
Joe hat sich entschlossen, ein Boot nach Fidschi zu suchen. Wir setzen ihn an einer günstigen Stelle mit dem Dingi ab, damit er ins Hauptdorf Neiafu kann, wo die meisten Jachten liegen. Anne läßt es sich nicht nehmen, alleine mit dem Katamaran loszusegeln, um Joe nach zwei Tagen wieder abzuholen. Es bläst ein sehr starker Wind und ich denke mir, daß es gefährlich werden könnte. Aber unsere dickköpfige Oma besteht auf dieser Soloeinlage. Wir stehen alle neugierig an Deck, als Anne durch die schmale Passage mit Gegenströmung und Gegenwind von fast 25 Knoten will und müssen nicht lange warten bis es passiert. Ein lauter Schrei, der Kat bäumt sich, von einer Bö getragen, auf und fällt langsam kopfüber in die aufgewühlten Fluten. Rasch springen Dieter und Monika ins Dingi, um Hilfe zu leisten und den Kat zu bergen, bevor er an den Klippen zerschellt. Ich habe einen Kuchen im Backofen und schaue mir die Rettungsaktion aus dem Trockenen an. Ganz ehrlich, eine gewisse Schadenfreude kann ich in diesem Moment nicht unterdrücken. Die perfekte Anne ...
Joe kommt mit der Nachricht, daß er schon am nächsten Tag auf der Magic nach Fidschi segeln werde. Schade, ich mochte ihn sehr gerne. Aber Dieter will erst in der nächsten Saison nach Fidschi, um zwei bis drei Monate bleiben zu können. Uns bleiben für dieses Jahr nur noch etwa vier Wochen, um sicher vor der Hurrikan-Saison nach Neuseeland zu segeln.
Nochmals wechseln wir den Ankerplatz. Ich freue mich zunehmend auf Neuseeland, wo ich wieder mein eigener Herr sein werde. Auf die Dauer spüre ich immer stärker die Abhängigkeit an Bord einer fremden Jacht. Obwohl ich mich mit meinem Skipper sehr gut verstehe, sehne ich mich danach, wieder ganz alleine meinen ei-

genen Entscheidungen folgen zu können. Den Gedanken, Manfred nochmal in Auckland zu treffen, verdränge ich, um mir keine falschen Hoffnungen zu machen.
Beim Landgang verteilt Dieter Bonbons an die Kinder, wobei seine Augen nicht weniger leuchten als die der jungen Dorfbewohner. Wie dem Rattenfänger von Hameln folgt uns die Kinderschar. Es ist ein sehr sauberes Dorf; um die Fales (Hütten) ist der Boden gefegt, anfallender Abfall wird sofort verbrannt. Leere Dosen werden in dünne Streifen geschnitten und zieren als Mobiles die bescheidenen Behausungen.
Wir bewundern kleine Mädchen, die mit Zitronen jonglieren und lauschen interessiert den Liedern aus Kirche und Schule, die man uns stolz vorsingt. Ein Junge im Teenageralter ist eifrig dabei, seine Englischkenntnisse aufzubessern, und Dieter lädt ihn zum Essen an Bord ein. Obwohl das Königreich 70 Jahre lang unter englischem Protektorat stand, spricht die Bevölkerung der abgelegenen Inseln kaum Englisch, sondern nur ihre polynesische Landessprache. Die meiste Zeit können wir uns nur durch Gestik und Mimik verständigen.
Trotz niedriger Temperaturen wagen wir uns ins Wasser, um nach den hier vorkommenden Tigerschnekken zu tauchen. Die Expedition verläuft, dank unseres ortskundigen Führers, erfolgreich. Zurück an Bord wird unser Gast mit trockenen Kleidern ausgestattet, die er als Geschenk behalten darf. Anscheinend ist er aber noch nicht ganz zufrieden, denn am Abend klopft jemand zaghaft an die Bordwand und zurück ist unser junger Freund. Er bringt Muscheln und geflochtene Körbe, die er gerne gegen einige Handtücher und vielleicht noch eine Hose für seinen Bruder eintauschen möchte.
Die Besichtigung zweier Tropfsteinhöhlen steht auf unserem Programm, bevor wir zurück nach Neiafu segeln werden, um neue Crew für die letzten 1.200 Seemeilen nach Auckland zu suchen. Der Höhleneingang von Mariners Cave liegt unter Wasser. Anne und ich sind die ersten, die mit Flossen und Taucherbrille losschwimmen.
"Sieht ja ziemlich unheimlich aus. Und in dieses schwarze Loch soll ich einfach reintauchen?"

Ganz geheuer ist mir die Sache nicht. "Nur Mut, was andere schaffen, schaffst du auch", denke ich, atme tief ein und schiebe mich mit kräftigen Zügen ins Ungewisse. Etwa 4 Meter tief muß ich tauchen, um durch den Tunnel in die Höhle zu gelangen. Nach 5 bis 6 Metern kann ich die Wasseroberfläche über mir erkennen und schieße schnell hoch, um nach Luft zu schnappen. Ein gespenstischer Dunst liegt in der etwa 5 Meter hohen Höhle. Etwas Tageslicht gelangt durch den schmalen Tunnel und läßt bunte Fische und wild wachsende Korallenstöcke erkennen.
Die nächste touristische Attraktion ist Swallows Cave. Anne kennt die Höhle und bleibt an Bord. Wir fahren mit dem Dingi zum Höhleneingang, der diesmal über dem Wasserspiegel liegt, und motoren bequem in die Grotte hinein. An den Wänden spiegelt sich das Blau des Meeres, und unzählige Fledermäuse belagern die Decke.

Eingang zum Swallows Cave

Anschließend segeln wir zurück nach Neiafu. Im Hotel Paradise ist Aerobikstunde, und Hotelgäste und Jachties dürfen daran teilnehmen. Das lassen wir uns nicht entgehen, zumal das ruhige Bordleben inzwischen schon unübersehbare Spuren an unseren Taillen hinterlassen hat. Ich lerne Claire und Narelle kennen, zwei junge Ärztinnen, die hier in Tonga ein Praktikum absolvieren. Die beiden sind sehr an dem "großen Abenteuer" interessiert, mit uns nach Neuseeland zu segeln, und so stelle ich sie noch am gleichen Abend meinem Skipper vor. Dieter zögert nicht. Auch wenn die beiden unerfahren sind, so haben wir wenigstens Hilfe bei den Ruderwachen. Die 160 Meilen bis Tongatapu können wir ja als Probezeit ansehen.

Um fünf Uhr früh klopft Frühaufsteher Anne an sämtliche Türen. Das heißt Aufstehen, Anker rauf und Segel setzen. In diesen frühen Morgenstunden sitzen uniformierte Schulkinder an den Bootsstegen und warten auf den Transport zur Schule. Etwa 24 Stunden werden wir bis Nuku'alofa, der Hauptstadt Tongas, unterwegs sein. Ich übernehme sofort nach dem Auslaufen um sechs Uhr früh die Ruderwache. Claire geht es nicht besonders gut. Wir segeln hart am Wind, was bedeutet, daß die Klaus unaufhörlich in die Wellen schlägt.

In der Nacht träume ich, daß ein Tonganer durch meine Luke klettert. Ich schreie so laut, daß Monika herbeigestürzt kommt und mich wachrüttelt. Wenn man an ruhige Ankerplätze gewöhnt ist, ist die erste Nacht auf See immer sehr fremd — die Schiffsbewegungen, das Geräusch des am Rumpf vorbeirauschenden Wassers und all das sonstige Geklapper an Bord kann einen schon sehr irritieren.

Morgens habe ich gleich zwei Fische an den Leinen. Wir drehen bei, d.h. wir bringen das Boot zum Stehen, und versuchen den Fang an Bord zu holen. "Schneller! Schneller!" Dieter schreit. Warum müssen Männer in einer solchen Situation immer gleich ins Rotieren kommen? Meine Beute ist so schwer, daß ich kaum noch kurbeln kann. Dieter arbeitet an der anderen Leine, aber der Fisch entwischt ihm. Jetzt kommt er mir zu Hilfe. "Das ist aber auch ein Mordsbrocken", muß er zugeben. Da taucht eine Schwanzflosse auf. Es ist ein Hai! Er hatte unseren Fisch gefressen und dabei den Köder verschluckt. Ich befürchte, die Angelrute könnte bei dem Manöver in die Brüche gehen, aber Dieter ist entschlos-

sen. "Der muß erst einmal müde werden, dann kriegen wir ihn schon rein!" Ich bin überzeugt, daß Dieter vor dem Haifisch müde sein wird, hole aber trotzdem schon mal die Harpune zur Hand. Nach fast 30-minütigem Kampf ist der Koloss in Reichweite der Harpune und Monika, die sich inzwischen auch an Deck eingefunden hat, feuert los. Zweimal trifft sie zwar den Hai, aber jedesmal prallt der Pfeil an dem festen Körper ab. Sie wird ungeduldig wie wir alle. Endlich sitzt der Pfeil. Wir bringen das Tier seitlich zum Boot, um es an der Schwanzflosse aufzuhängen. Haie ertrinken auf diese Art und Weise schon nach wenigen Minuten. Plötzlich kämpft der Hai mit all seiner Kraft und reißt sich mit mehreren wuchtigen Schlägen gegen den Bootsrumpf los. Wir haben den Kampf verloren. Dieter muß weiter auf sein Haifischgebiß warten.
Nuku'alofa ist die Hauptstadt des Königreichs. Fast ein Dutzend Jachten liegen im Hafen, denn die Wetterpropheten haben ein Tief vorhergesagt, und es traut sich keiner so recht, nach Neuseeland aufzubrechen. Der Zollbeamte kontrolliert die Papiere und geht nicht eher von Bord, bis er Dieters letztes Bier weggetrunken hat. Unsere beiden Kiwis (Spitzname für Neuseeländer) Claire und Narelle haben beschloßen an Bord zu bleiben, in der Hoffnung, sich beim nächsten Mal an das Geschaukel zu gewöhnen. Später besuche ich mit Claire die Sonntagsmesse, zum einen des herrlichen Gesanges, zum anderen der traditionellen Kleidung der Tonganer wegen. Wohlgenährte Frauen tragen über ihren schwarzen, knöchellangen Röcken Matten aus fein geflochtenen Pandanus-Blättern, die mit bunten, dekorativen Gürteln zusammengehalten werden. Nach der Kirche besichtigen wir einen Friedhof. Die Gräber sind Erdhügel, die geschmückt sind, geschmückt mit für uns ungewohnten und sehr seltsam anmutenden Dingen wie Plastikblumen, Stoffähnchen, leeren Bierflaschen und Muscheln.
Am Talamahu Markt, hier werden jeden Tag außer sonntags Handarbeiten und Lebensmittel angeboten, fährt der Bus zur Westküste Tongatapus ab. Bevor wir

Markttag auf Tongatapu

weiter nach Neuseeland segeln, möchte ich ein wenig die Insel kennenlernen. Alleine die Busfahrt nach Kolovai, dem kleinen Dorf etwa 20 Kilometer westlich von Nuku'alofa, ist ein Erlebnis. Fast alle Tonganer tragen ihre Trachten. Anscheinend putzen sie sich heraus, um auf den Markt in die Stadt zu fahren. Vollgepackt, fast so wie in Südamerika, fährt der Bus über die flache Insel, vorbei an Palmenhainen und kleinen Dörfern. Als Kontrast zur friedlichen Inselidylle tönt aus den Lautsprechern im Bus laute Rockmusik. Nach fast einer Stunde mit unzähligen Stops erreichen wir das Dorf Kolovai, wo noch Pferdekarren als Transportmittel dienen. Der Grund, warum ich gerade in diesen Ort gekommen bin, sind die "fliegenden Füchse", eine Fledermausart, die hier in den Bäumen lebt. Hunderte von ihnen hängen am Tage kopfüber an den Ästen. Während ich sie beobachte, bewegen sie sich kaum. Ich bleibe einige Zeit unter

"Fliegende Füchse"

den Bäumen sitzen, bevor ich langsam zu Fuß aus dem Dorf spaziere. Die kleinen Steinhäuser sind bunt gestrichen und von blühenden Sträuchern eingerahmt.
Am letzten Tag des Monats Oktober verlassen wir Tongatapu. Kaum haben wir den offenen Ozean erreicht, da fängt der Wind mit aller Kraft an zu blasen. Wir haben damit gerechnet, denn es ist bekannt, daß die Strecke von Tonga nach Neuseeland keine Spazierfahrt ist. Aber daß es gleich am ersten Tag losgeht, hätte uns erspart bleiben können.
Dieter allerdings scheint begeistert und läßt große Genua und ungerefftes Hauptsegel drauf. 5 bis 6 Meter hohe Wellen schütteln uns kräftig durch, die Nadel des Windmessers klettert stündlich höher. Bei Dunkelheit haben wir fast 50 Knoten. Unsere beiden Neuerwerbungen können wir unter diesen Umständen nicht ans Ruder lassen, Monika und Anne liegen außer Gefecht in ihren Kojen. Zum Glück bleiben Dieter und ich fit, um die Stellung zu halten. Ständig aufsprühende Gischt hält mich wach. Rücken und Arme schmerzen von der Anstrengung des Steuerns. Das Ruder wird bei der großen Belastung ganz schön eigensinnig, und ich muß es mit beiden Händen fest umklammern.

Dann passiert es. Narelle hat mir gerade eine Tasse heißen Tee gebracht und sitzt neben mir im Cockpit. Plötzlich sehe ich, wie sich steuerbord ein riesiger Brecher aufbäumt. Ich habe nur noch einen Gedanken. Festhalten! Schon liegt die Klaus Störtebecker völlig unter den Wassermassen begraben. Bloß nicht das Steuer aus den Händen lassen. Als ich wieder nach Luft schnappen kann, werfe ich zuerst einen Blick auf den Kompaß. Der Kurs stimmt noch. Und Narelle? Sie ist verschwunden! - Mein Gott, das darf doch nicht wahr sein. Die Riesenwoge hat alles, was nicht niet- und nagelfest war, über Bord gespült: eine Taschenlampe, meine Tasse, eine schwere Holzabdeckung. Dann sehe ich Narelle zu meinen Füßen, zusammengekauert unter dem Klapptisch liegen. Ein Stein fällt mir vom Herzen. Die nächste halbe Stunde sitze ich mit zitternden Knien hinterm Steuer, ständig die peitschende See im Auge, ständig bereit für den nächsten Brecher. Ich bin heilfroh, als Dieter mich endlich für zwei Stunden ablösen kommt.
Knapp 24 Stunden dauert das schlechte Wetter. Danach ist alles nur noch ein böser Traum. Narelle und Claire können wieder steuern, und ich schlafe nach den Strapazen fast 20 Stunden durch.
Die nächsten Tage haben wir herrlichstes Segelwetter — strahlender Sonnenschein, guter Wind, angenehm kühle Nächte. Von morgens bis abends liege ich an Deck und lasse meinen Körper von den letzten tropischen Sonnenstrahlen streicheln. Der Gedanke, dies könnte auch mein letzter Segeltörn sein, tut nun doch weh. Dieter und Monika sind eifrig dabei, mich zu überreden, in der kommenden Saison mit hinauf nach Fidschi, Samoa und den Neuen Hebriden zu segeln. Mal sehen, erst einmal wieder Landluft schnuppern. Denn obwohl ich vier Monate zuvor noch keine Ahnung hatte, daß ich nach Neuseeland segeln würde, kann ich es nun andererseits kaum noch abwarten, ans Ziel zu gelangen. In uns allen steigert sich die Aufregung Tag für Tag.
Am letzten Tag auf See habe ich von 4 bis 6 Uhr morgens meine Ruderwache. Dichter Nebel umhüllt uns, wir liegen in einer totalen Flaute. Es ist gespenstisch! Die Se-

gel hängen naß und schwer an den Masten, und in meinem Walkman singt Joan Baez melancholische Lieder. Langsam kämpft sich die Morgendämmerung durch den Dunst. Dieter kommt an Deck um nach dem Rechten zu sehen. "So geht das nicht weiter. So kommen wir niemals nach Neuseeland." Mit diesen Worten wirft er den Motor an. Wir holen sämtliche Segel runter. Es ist der achte Tag auf See und wir rechnen damit, wenn alles gut geht, noch bis zum Abend den Hafen von Auckland anzulaufen.

Ich lege mich nach meiner Ablösung nochmal aufs Ohr. Wenige Stunden später haben wir es geschafft. In der Ferne kann man schon die ersten dunklen Linien des so ungeduldig angestrebten Zieles erkennen. Neuseeland liegt vor uns.

Das Schiff wird aufgeklart. Kabine und Kombüse geputzt, die Teppiche abgeklopft. Claire und Narelle packen schon ihre Sachen zusammen. Sie werden noch am Abend von Bord gehen.

Es ist ein Mittwoch, der Tag, an dem in Auckland die Regatta der heimischen Segelboote stattfindet. Gerade als wir in das riesige Hafenbecken einlaufen, wird der Startschuß gegeben und unzählige bunte Spinnaker — das

Einfahrt in den Hafen von Auckland

sind superleichte, bauchig geschnittene große Vorsegel — blähen sich auf im Abendwind. Der Hafenmeister weist uns über Funk einen Platz zum Einklarieren am Dock zu.
Alles Frischzeug ist gegessen, auch die Fleischkonserven sind aufgebraucht. Die neuseeländische Zollbehörde achtet auf alles, was der einheimischen Landwirtschaft schaden könnte. Wir machen die Klaus an den Admirality Steps fest und warten mit ruhigem Gewissen auf die Zollbeamten.
Die imposanten, zum Teil völlig verglasten Hochhäuser des modernen Stadtzentrums von Auckland wirken fremd nach all den Monaten im Pazifik. Ich kann meinen Blick nicht von dem schwindelerregenden Häusermeer lassen und freue mich darauf, endlich mal wieder eine Großstadt zu erforschen.
Die Zollbeamten sind freundlich. Sie erleben nicht allzu oft, daß ein Skipper mit fünf Frauen als Crew ankommt. Deshalb besuchen sie uns am folgenden Tag gleich nochmal, doch da sind Anne und unsere beiden Kiwis schon von Bord. Ich bleibe noch einige Tage auf der Klaus, die in den letzten Monaten ein Zuhause für mich geworden ist.
Während ich auf dem Hauptpostamt in der Telefonzelle stehe, um ein Gespräch nach Deutschland durchzubringen, traue ich meinen Augen nicht, als plötzlich jemand die Glastür hinter mir aufreißt. Es ist Manfred. Das kann ja beinahe nicht wahr sein. Wir sind beide völlig aus dem Häuschen. Gut sieht er aus, lachend und strahlend wie immer. Ein unglaublicher Zufall. Er war über Nacht von Wellington gekommen und wird in zwei Tagen nach Sydney fliegen. Ich nehme ihn gleich mit zum Dock, wo auch Dieter und Monika begeistert sind, ihn wiederzusehen. Gemeinsam verbringen wir noch ein letztes Wochenende, bevor es endgültig heißt "Bye, bye, bis irgendwann einmal."
Die nächsten Tage in Auckland habe ich einiges zu tun. Zunächst muß ich meine Souvenirs, Muscheln und den sonstigen überflüssigen Kram in einen großen Karton verpacken, und diesen auf dem Seeweg nach Deutsch-

land schicken. Während der Monate auf Jachten hat sich allerhand angesammelt, und in meinem kleinen Rucksack, mit dem ich die nächsten Wochen unterwegs sein werde, kann ich unmöglich alles unterbringen. Außerdem schicke ich ein Weihnachtspäckchen mit einer von mir besprochenen Kassette an meine Familie.

Zum Glück liegen die Admirality Steps, wo unser Boot vertäut ist, gleich am Ende der Queens Street, Aucklands wichtigster Einkaufsstraße, an der sich auch das Hauptpostamt, das American Express Büro (hier hole ich meine Post ab), Banken sowie einige andere für uns wichtige Anlaufstellen befinden. Alles ist bequem zu Fuß erreichbar und wir pendeln den ganzen Tag zwischen Boot und Stadt hin und her.

In einem Kaufhaus lasse ich Paßfotos anfertigen. Die brauche ich für meinen internationalen Jugendherbergsausweis, den man mir im Büro des Jugendherbergsverbandes ausstellt. Der Ausweis kostet 10 Dollar, dazu bekomme ich eine Liste aller Herbergen in Neuseeland. Ich weiß nicht genau, wo ich jeweils übernachten werde, aber Jugendherbergen sind eine billige Unterkunftsmöglichkeit. Außerdem trifft man dort immer eine Menge junger Leute, mit denen man Erfahrungen austauschen kann.

Oft bummle ich durch die vielen Boutiquen. Ich genieße das Stadtleben! Abends schaue ich mir Filme in den Kinos an der Queens Street an, zweimal besuche ich eine Theateraufführung.

Nicole, eine Französin, die wie ich auf Jachten gearbeitet hat, treffe ich zufällig in der Stadt. Ich kenne sie aus Vava'u. Nicole war mit ihrer Jacht in der Bay of Islands im Norden des Landes angekommen und per Autostop nach Auckland gefahren. Sie wohnt bei zwei Neuseeländern, Susan und Barry, deren Adresse an sie weitergereicht wurde, wie das in Globetrotterkreisen so üblich ist. Die beiden seien unheimlich nett, und ich soll doch am Abend mit zu einem Barbeque kommen. Da sage ich natürlich nicht nein, denn ich freue mich darauf, einige Kiwis kennenzulernen. Susan und Barry sind wirklich sehr gastfreundlich und laden uns zu einem Angelwo-

chenende mit Freunden ein. Außerdem bieten sie mir an, bei ihnen zu wohnen, sollte ich nochmal in Auckland sein. Wie viele Neuseeländer haben sie ein eigenes Haus. Ein Haus zu bauen oder zu kaufen kostet hier lange nicht so viel wie bei uns in Deutschland. Es sind meist Holzhäuser und man kann sie bereits für etwa 10.000 NZ-Dollar erstehen.
Ich nehme die Einladung dankend an, denn mein Abschied von der Klaus Störtebecker ist nun nicht mehr zu umgehen. Dieter und Moni haben sich einen VW-Bus gekauft, um damit das Land zu bereisen. Ich will per Autostop, der billigsten Transportmöglichkeit, die Nord- und Südinsel erkunden. "Vielleicht werden wir ja eines Tages doch wieder zusammen segeln. Ganz bestimmt sehen wir uns unterwegs einmal am Straßenrand." Wir mochten uns alle wirklich gern. Moni nimmt noch einmal Filmkamera und Fotoapparat heraus, und damit die Szene auch wirklich sitzt, muß ich gleich mehrere Male mit meinem kleinen Rucksack auf dem Rücken winkend davonmarschieren.
"Tschüss! Viel Glück!" Die alte Leier. Warum kann ich sie nicht alle mitnehmen, die vielen lieben Menschen, denen ich unterwegs begegne?

NEUSEELAND
Nordinsel
North Cape
Bay of Islands
Kohu-Kohu
Hokianga
Harbour
Auckland
Hamilton
Roturoa
Awakino
TASMAN - SEE
Lake Taupo
Mount
Egmont
Napier
Wanganui
Cape Kidnappers
COOK STRAIT
Wellington
Picton
SÜDPAZIFIK
~ 160 km

Erste Erlebnisse in Neuseeland

Ein neuer Reiseabschnitt beginnt. Es ist Freitag nachmittag und ich treffe mich mit Susan in einem Café an der Queens Street.

Bevor wir zu dem kleinen See Aniwanuha, etwa 300 Kilometer südlich von Auckland fahren, besorge ich mir eine Angelerlaubnis fürs Wochenende. Die Wahrscheinlichkeit kontrolliert zu werden ist klein, doch für den ehrlichen Neuseeländer ist es selbstverständlich, das notwendige Papier zu besitzen. Was sind da schon 10 Dollar!

Während der Autofahrt erlebe ich erste Eindrücke der wilden Landschaft Neuseelands. Die Farmhäuser liegen oft Meilen auseinander, dazwischen grüne Hügel mit weidenden Schafen. Ein Bild, das sich mir in den kommenden Monaten noch häufig bieten wird, was bei 70 Millionen Schafen in einem 3 Millionen Einwohner zählenden Land auch nicht überrascht.

Als wir uns Rotorua nähern, dringt Schwefelgestank in unseren Wagen. Hier sind Thermalquellen, Geysire und brodelnder Schlamm Touristenattraktionen. Wir stoppen für kurze Zeit und nehmen ein Bad in einem Tümpel mit braunem stinkenden Schwefelwasser. Die Stelle ist abgelegen von dem von Touristen besuchten Gebiet und nur wer sie kennt, findet den Pfad durch den Wald. Abduschen können wir uns unter einem warmen Wasserfall, der am Rand des Tümpels über die Felsen stürzt. Leider müssen wir bald weiter, um vor Einbruch der Dunkelheit die Zelte am Aniwanuha See aufschlagen zu können. Später sitzen wir dann noch bis weit in die Nacht um das wärmende Lagerfeuer. Etwa 15 Leute sind inzwischen am See eingetroffen.

Ein märchenhafter Morgen. Nebelschwaden ziehen gespenstisch dicht über den See. Der blaue Himmel verspricht trotz eisiger Kälte einen schönen Frühlingstag. Wir verlieren keine Zeit, und schon bald ist das Surren

der ausfliegenden Angelschnüre am Seeufer zu hören. Bis zum Mittagessen haben zwei ausgewachsene Forellen angebissen. Die werden in einem dafür mitgebrachten Blechkasten geräuchert.
Inzwischen habe ich auch die anderen Freunde aus der Clique kennengelernt. Peter und Lindsay Guest, zwei Jungs aus dem Norden, laden mich für einige Tage auf die Farm ihrer Eltern in Hokianga ein. Ins Northland wollte ich sowieso, also nehme ich die Einladung dankend an.
Das Angelwochenende ist ein großer Erfolg. 16 Forellen holen wir aus dem Wasser, davon werden einige in Susans Gefriertruhe wandern.
Sonntag abend fahren wir zurück nach Auckland. Ich übernachte bei Barry und Sue, um am Montag mit Peter und Lindsay in dem verrosteten Farmauto Richtung Norden aufzubrechen. Der viel zitierte Satz "Ein Neuseeländer reist nicht, um so schnell wie möglich, sondern um so langsam wie möglich zum Ziel zu kommen", bewahrheitet sich sehr bald. Kaum haben wir Auckland verlassen, als schon der erste Pub-Stop angekündigt wird. Das Puhoi-Hotel wurde am 10. Mai 1879 in einer von böhmischen Einwanderern besiedelten Gegend eröffnet. Nach einem Bier und der obligatorischen Runde Pool-Billard fahren wir weiter zum nächsten Stop: Morning Tea! Ein Pub, oder Hotel, wie sie in Neuseeland oft heißen, gibt es in jedem kleinen Dorf und es fällt den Jungs scheinbar schwer, einfach daran vorbeizufahren.
Nach etwa 200 Kilometern erreichen wir den fast 2.500 Hektar großen Waipoua Forest, ein riesiges Naturschutzgebiet. Die hier stehenden, bis zu 50 Meter hohen Kauri-Fichten erreichen einen Durchmesser von über 4 Metern.
Spätnachmittags, gerade rechtzeitig zum Afternoon Tea, kommen wir nach Opononi an der Mündung des Hokianga Harbour, einer sich 80 Kilometer ins Land erstreckenden Bucht. An der Nordseite der Mündung liegen gewaltige goldene Sanddünen. Die Atmosphäre um die abgelegene Bucht wirkt ruhig und verschlafen. Die Gegend ist hauptsächlich von Maoris besiedelt, Nachkommen

Opononi,
Mündung des
Hokianga
Harbour

der vor rund tausend Jahren eingewanderten polynesischen Ureinwohner. Auch Peter und Lindsay sind halbe Maoris.

Spät am Abend erst erreichen wir Motukauri, das traumhafte Stück Land, das schon seit Generationen der Familie Guest gehört. Motukauri erstreckt sich über mehrere grüne Hügel bis hinunter zur Bucht, wo auf einer winzigen Halbinsel mit Sandstrand die Schafe weiden. Das Farmhaus liegt unter alten Bäumen auf einem Hügel.

Bei unserer Ankunft vor dem Haus werden wir zuerst von den drei Farmhunden mit lebhaftem Gebell begrüßt, dann lerne ich Nan und Bill kennen, die Eltern. Die Mutter, Nan Guest, stammt von den Cook Inseln. Ihre Gastfreundschaft ist unübertrefflich, und ich fühle mich bald als Familienmitglied. Sie hat schon ein Bett für mich hergerichtet; zwei von fünf Kindern sind bereits verheiratet und so ist genügend Platz vorhanden.

Bei der
Schafschur

Die Männer sind am nächsten Morgen ab sechs Uhr auf den Beinen. Erst gibt es für sie nur ein kleines Frühstück, um 9 Uhr dann das große: oft ißt man gebackenen Fisch, frisch aus dem Netz, das am Vorabend unten an der Bucht ausgehängt worden war. Meist sind es Flundern, die sich in das Netz verirren.
Für die anfallende Farmarbeit sind zwei zusätzliche Hände stets willkommen und ich helfe eifrig mit. Lindsay hat mit der Imkerei einen guten Nebenverdienst, und gemeinsam bauen wir Bienenkästen für den bevorstehenden Sommer. Bei der Schafschur bin ich Rouser, d.h., ich kehre die geschorene Wolle zusammen, sortiere die schlechten Stücke aus und presse den Rest in Ballen. Auf großen Schaffarmen wird die gute Wolle gleich nach mehreren Qualitäten sortiert, aber hier ist das nicht notwendig. Für die Jungs ist die Schur ein harter Job, der abends im Pub gefeiert wird.

Es macht mir Spaß mit den Frauen im Haus zu arbeiten. Wir kochen zusammen, backen Kuchen und sitzen oft mit einer Tasse Tee auf der Veranda vor dem Farmhaus. Abends bei Sonnenuntergang gehe ich gerne über die Schafweiden spazieren, oder sitze auf dem kleinen Hügel der Halbinsel und genieße die Dämmerung und die einbrechende Dunkelheit. Es ist wirklich eine traumhaft schöne Gegend.
Auch europäische Einwanderer leben in Hokianga. Ein deutsches Ehepaar kam per Segeljacht und hat sich vor fünf Jahren in dieser einmalig schönen Gegend niedergelassen. Eine Schwedin lebt mit ihrem Mann auf einer kleinen Farm, und Cathrin, eine Irin, die hier als Rucksacktouristin unterwegs war, hat einen Farmersohn geheiratet.
Nach einer Woche auf der Guest-Farm — ich habe mich endlich entschlossen weiterzureisen — passiert mir ein Mißgeschick. Wir sammeln Felsaustern unten am Strand, als ich auf dem schlüpfrigen Boden ausrutsche und mir die Hand an den messerscharfen Austern aufschneide. Schnell bringt Vater Bill mich mit dem Traktor hinauf ins Haus, wo Nan mich verarztet. Sie ist von Beruf Krankenschwester und an derartige Unfälle auf der Farm gewöhnt. Mir dreht sich der Magen um, als sie vorsichtig die Muschelreste aus den blutenden Wunden entfernt und Lindsay eilt mit einem Cognac herbei. Na ja, alles Böse hat auch seine guten Seiten und die ganze Familie freut sich: "Wenigstens wirst du nun noch einige Tage länger bei uns bleiben. Warum bleibst du eigentlich nicht gleich bis Weihnachten?"
Ich wäre gern über die Feiertage auf Motukauri geblieben, vor allem an Neujahr, wo alle Freunde der Familie aus Auckland zum Feiern kommen, aber es gibt ja noch mehr zu sehen in Neuseeland, als nur Hokianga.
Am Abend vor meinem endgültigen Abschied beschließen Peter und Lindsay, Zelt, Kocher und Angelrute einzupacken und mich bis zum Nordzipfel des Landes, dem Cape Reinga, zu begleiten. Ich freue mich über die nette Begleitung, noch früh genug werde ich mit ausgestrecktem Daumen alleine am Straßenrand stehen.

Spirits Bay ist nur wenige Kilometer südlich des Cape Reinga, an der Ostküste von Neuseelands Nordinsel. Es ist eine Bucht mit menschenleerem Sandstrand, tosender Brandung und Möwengeschrei. Hier campen wir ein paar Tage, ernähren uns von Muscheln und frischem Fisch und verbringen die Nächte im Kampf gegen Moskitos und Sandfliegen.
Vom Leuchtturm am Nordcap aus beobachten wir das wilde Aufeinandertreffen des Pazifischen Ozeans mit der Tasman See. Leider reicht die Zeit nicht aus, um mit dem Wagen entlang der Ninety Miles Beach zu fahren. Es wird nämlich schon dunkel, und wir wollen noch einige Kilometer nach Süden, Richtung Bay of Islands. Dort bin ich mit Paul, dem Skipper von der Dancing Bear, verabredet. Fast alle Überseejachten gehen während der Hurrikan-Saison in der Bay of Islands vor Anker.
Am Nachmittag des nächsten Tages sind wir in der "Bucht der Inseln". Die Dancing Bear liegt bei dem ruhigen Dorf Russel. Den Jungs tut es leid, daß sie mich zurücklassen müssen. "Bevor ich weiterreise, werde ich bestimmt nochmal auf der Farm vorbeischauen", verspreche ich beim Abschied.
Ich lebe nun wieder auf dem Wasser. Paul ist glücklich

Bay of Islands

eine Frau an Bord zu haben. Er sucht jemanden, der mit ihm weitersegelt, doch ich bin mir nicht sicher, ob ich die Richtige für ihn sein werde. Wir verbringen einige herrliche Tage, segeln zwischen den Inseln umher, treffen Bekannte aus Polynesien, sitzen bis spät in die Nacht im Cockpit und unterhalten uns prächtig.
Leider ist das alles nicht genug für Paul, was ja auch verständlich ist. Er wird langsam ungeduldig, hält mir endlose von Selbstmitleid geprägte Vorträge und nimmt schließlich meinen Vorschlag, so bald wie möglich in Russel von Bord zu gehen, ohne Widerspruch an. Schade, daß unsere Freundschaft so enden mußte.
Ich trampe nach Auckland, wo ich einen Tag bei Susan und Barry bleibe und meine Post im American Express Büro abhole. Anschließend fahre ich weiter nach Hamilton, wo Claire, unser ehemaliges Crewmitglied, als Ärztin in einem Krankenhaus arbeitet. Ganz wohl ist mir nicht, als ich beim Trampen in eine klapprige Rostschüssel einsteige. Fahrer und Beifahrer sind zwei dicke, über und über tätowierte Maori-Burschen. Angestrengt lausche ich der Unterhaltung, um jeden Hinweis auf eine geplante Vergewaltigung früh genug aufzuschnappen. Als sie während der Fahrt die Geschwindigkeit drosseln, um in einen Feldweg einzubiegen, habe ich schon Türgriff und Rucksack in der Hand, um jeden Moment aus dem fahrenden Auto zu springen. Doch schon bald bin ich beruhigt. Wir nähern uns einem Farmhaus, wo ein ebenfalls tätowiertes Mädchen einsteigt und bis Hamilton mitfährt. Mir wird wieder einmal bewußt, daß der wild aussehende Rockertyp nicht unbedingt gefährlicher sein muß als der gutgekleidete, charmante Herr im Mittelklassewagen.
Hamilton ist die fünftgrößte Stadt Neuseelands und liegt etwa 50 Kilometer von der Küste entfernt, von Farmland umgeben, zu beiden Seiten des Waikato Flusses. Das große Krankenhaus, in dem Claire arbeitet, liegt am Stadtrand, und mein Fahrer läßt mich unmittelbar vor dem Eingang aussteigen.
Mit Claire besuche ich die Glühwürmchen-Höhlen Waitomo Caves. Wie ein Sternenhimmel wirken die an der

Decke lebenden, unzähligen Lichter, die Glühwürmchen. Sie spinnen Fäden zu einem unterirdischen Flußlauf, um ihre Nahrung, winzige Insekten, zu fangen. Reicht diese Mahlzeit einmal nicht aus, fressen sie sich gegenseitig auf. Schönheit und Grausamkeit der Natur in einem.

Claire muß am nächsten Tag wieder arbeiten, und so setze ich die Reise fort. Meine Tramptour führt mich durch üppig grüne Hügellandschaften entlang bizarrer Kalksteinformationen zur Westküste. Es regnet am Fuße des Mount Egmont, und die Spitze des Vulkankegels liegt verborgen in den Wolken. Ich bleibe nur eine Nacht in der Jugendherberge und erreiche noch am nächsten Tag Wellington.

Hier treffe ich per Zufall Anne wieder. Unsere Idee, Weihnachten mit Seglerfreunden auf der Südinsel zu feiern, läßt sich leider nicht verwirklichen. Was nun? Alleine in eine Jugendherberge? Das klingt nicht gerade verlockend. Am liebsten wäre ich ja bei den Guests in Hokianga. Aber das sind von Wellington wieder mehr als 1.000 Kilometer Richtung Norden. Da fällt mir Kaye ein, eine junge Frau, mit der ich an der Bushaltestelle ein Schwätzchen gehalten habe und die mir freundlicherweise ihre Telefonnummer gegeben hatte. Vielleicht kennt die jemanden, der noch nach Norden fährt. Kurzerhand rufe ich sie an und traue meinen Ohren nicht, als die Antwort lautet: "Gabi, this is great! Ich fahre morgen selber hoch, um Weihnachten bei meinem Bruder zu verbringen. Du kannst heute nacht bei uns schlafen, und morgen früh fahren wir zusammen los.

Kaye lebt mit Hans, einem deutschen Einwanderer, zusammen. Hans war lange Jahre selbst auf Reisen und besitzt nun eine Schreinerwerkstatt in Wellington. Sie können mich bis Whangarei mitnehmen. Die letzten Kilometer trampe ich. Keine einfache Unternehmung, fernab von den Hauptverkehrsstraßen. Abends um acht Uhr finde ich mich am Wegrand wieder. Es dämmert schon und noch immer liegen mindestens 20 Meilen bis Motukauri vor mir.

Den Gedanken, meinen Schlafsack unter einem schützenden Baum auszubreiten, verdränge ich nun nicht mehr, denn schon seit zwei Stunden kam kein Fahrzeug mehr über die abgelegene, unbefestigte Straße. Gerade habe ich Brot und Käse ausgepackt, um wenigstens meinen Magen nicht länger warten zu lassen, als eine Maori-Familie mit vollgepacktem Wagen stoppt. Sie haben Mitleid, und ich darf mich zu den Kindern zwängen, den Rucksack auf den Knien. Naja, besser schlecht gefahren als gut gewartet!

Den letzten Teil der Strecke lege ich zu Fuß zurück. Spät abends, sehr zur Überraschung meiner Freunde, marschiere ich zur Tür herein. Für mich ist es, als ob ich nach Hause käme. Die Herzlichkeit und die Offenheit der Familie geben mir ein Gefühl von Geborgenheit, das ich, zumal nun auch schon fast ein Jahr seit meiner Abreise von zu Hause vergangen ist, gerne annehme. Kaum habe ich alle begrüßt, da serviert mir Nan auch schon ein leckeres Abendessen.

Am Vorweihnachtstag herrscht reges Treiben auf Motukauri. Wir backen, kochen und schmücken den Christbaum mit bunten Luftballons. Die tägliche Farmarbeit darf natürlich auch nicht liegenbleiben. Sally, die dickste Sau im Stall, ist schon Tage zuvor geschlachtet worden. Ihr saftiger Schinken ist Teil des Festmenues.

Nachdem alle Vorbereitungen getroffen sind, fahre ich mit Lindsay, Peter und Angela ins nächste Pub im 25 Kilometer entfernten Dorf Kohu-Kohu. In Koke (Abkürzung für Kohu-Kohu) ist die Stimmung schon auf Hochtouren. Partytime! Noch dazu ist es angenehm warm, denn anders als bei uns in Deutschland herrschen hier um die Weihnachtszeit hochsommerliche Temperaturen.

Am Festtag ist die ganze Familie mit Kindern und Enkelkindern zu Besuch. Zwischen den ausgedehnten Mahlzeiten vertreiben wir uns die Zeit beim Volleyballspiel oder Windsurfen in der Bucht unweit des Farmhauses.

Je näher Silvester rückt, desto mehr Freunde kommen nach Motukauri. Ein Auto nach dem anderen. Und Motorräder. Der Strand gleicht einem Campingplatz, und das Lachen und Toben der fröhlichen Menschen erklingt über dem ganzen Farmgelände. Immer vertraulicher

Farmgelände der Familie Guest

wird mir der Gedanke, daß dies mein Zuhause für immer werden könnte. Warum eigentlich nicht? Herzlichere Freunde konnte ich mir gar nicht wünschen. Es ist eine paradiesische Gegend. Der Nahrungsmittelbedarf wird noch größtenteils aus der hiesigen Natur gedeckt und nicht im großen Einkaufszentrum. Junge Menschen wissen sich noch zu beschäftigen, und hängen nicht Tag für Tag in der Kneipe. Last not least, einen besseren Ehemann als den guten Lindsay — wir haben uns mittlerweile heftig ineinander verliebt — könnte ich mir gar nicht denken. Einen Menschen, der mit sich und der Natur im Einklang steht. Ob mir dies aber auf Dauer genügen würde? Ich denke in diesen Tagen oft darüber nach.
Die Jahreswende wird mit einem traditionellen Hangi gefeiert. Das ist eine Mahlzeit aus dem Erdofen, ähnlich wie ich es auf Tonga schon einmal kennengelernt habe. Leider verlief die Jagd nach Rotwild erfolglos, stattdessen schlachtet Bill ein Schaf.
Schon am Morgen schichten wir Steine und Holz zu einem Scheiterhaufen auf, der anschließend angezündet wird. Stunden später legen wir die einzeln verpackten Hangis (Mahlzeiten), bestehend aus Schaffleisch, Kumara (Süßkartoffel), Kürbis und Weißkohl in das mit den

glühenden Steinen ausgelegte Erdloch, decken es anschließend mit feuchten Tüchern ab und gießen vorsichtig noch geringe Wassermengen zur Dampfentwicklung in den natürlichen Ofen. Nun wird das Ganze mit Erde abgedeckt, gart etwa 5 bis 6 Stunden langsam vor sich hin und entfaltet so einen ganz besonderen Geschmack. Ich zähle 80 Leute, als am Abend der Hangi (der Erdofen trägt die gleiche Bezeichnung wie die Essensportionen) geöffnet wird. Auf Heuballen sitzen wir um das Lagerfeuer, ein Generator sorgt für Musik aus der Stereoanlage, und erst beim Sonnenaufgang des neuen Jahres krabbeln die letzten Mitstreiter, nicht mehr ganz nüchtern, in ihre Zelte.
In den nächsten Tagen nimmt das Händeschütteln kein Ende. Ein Zelt nach dem andern wird abgebaut, die Freunde verabschieden sich nach und nach. Auch ich packe wieder meinen Rucksack, um mich auf den Weg zur Südinsel zu machen. Als Zeichen seines Vertrauens zeigt Vater Bill mir seinen über Generationen vererbten Greenstone-Tiki aus neuseeländischer Jade, eine Götterfigur der Maoris. Lindsay meint, es sei eine große Ehre, denn normalerweise halte Bill diesen Familienschatz streng verborgen. Nan legt mir noch einige vertrauliche Worte ans Herz — ich glaube, sie würde mich gerne als Schwiegertochter auf der Farm sehen.
Ja, eigentlich frage ich mich selbst manchmal, was ich denn überhaupt auf meinen langen Reisen suche. Warum kann ich nicht glücklich an einem Ort leben, wie andere Menschen auch? Aber die Welt steckt so voll interessanter Dinge und Schönheiten, Naturwunder und anderslebender Menschen — mein Verlangen, das alles kennenzulernen, ist noch zu groß, um mich schon zufrieden zur Ruhe zu setzen.

NEUSEELAND
Südinsel

Per Autostop zur Südinsel

Mein nächstes Ziel ist Napier an der Ostküste der Nordinsel. Hier übernachte ich zum zweiten Mal seit meiner Ankunft vor zwei Monaten in einer Jugendherberge. Die Herberge ist ein umfunktioniertes Hotel mit kleinen Zimmern und einem gemütlichen Aufenthaltsraum.
Der Grund für meinen Besuch ist die Tölpelkolonie am Cape Kidnapper. Bis zu 10.000 dieser Tiere finden sich ab Oktober zum Brüten auf den Felsklippen ein. Ein zweistündiger Strandspaziergang entlang der steilen verlassenen Felsküste führt zur Kolonie. Erinnerungen an die Tage auf Galapagos werden wach. Ich genieße den Augenblick: die tosende Brandung, die Nähe der Tiere. Leider eilt die Zeit, denn die einlaufende Flut läßt den schmalen Strand für mehrere Stunden verschwinden.

Tölpel am Cape Kidnapper

Trotz schlechter Voraussagen, hauptsächlich von Männern, das Trampen könne mitunter recht schwierig sein, stehe ich selten länger als 10 — 15 Minuten an der Straße. Meine Fahrer sind Vertreter in komfortablen Firmenwagen, besorgte Väter, deren Kinder ebenfalls auf diese "gefährliche" Art und Weise das Land bereisen, gelangweilte LKW-Fahrer oder auch Farmer, die mich nur wenige Meilen bis zum nächsten Ort mitnehmen. Die meisten Neuseeländer haben niemals ihr Land verlassen und sind sehr interessiert an meinen Reiseerzählungen und auch den Beschreibungen meiner Heimat. Nur selten trennen sich unsere Wege, bevor nicht zu einer "cup of tea" angehalten wurde, meist verbunden mit der freundlichen Einladung, doch wann immer man möchte, zu Hause bei der Familie Gast zu sein. Ich kann diese einmalige Gastfreundschaft kaum fassen und lege ein Adressbuch nur für Kiwi-Adressen an.

Eine Nacht verbringe ich bei Kaye und Hans in Wellington, bevor ich am Morgen die Fähre zur Südinsel nehme. Von den berüchtigten Roaring Forties — Westwinden, die die Cookstraße in eines der unangenehmsten Gewässer der Erde verwandeln können — bleibe ich verschont. Die dreistündige Überfahrt nach Picton, der kleinen Stadt, die Ausgangspunkt des Highway 1 auf der Südinsel ist, ist ruhig, und bei strahlendem Sonnenschein laufen wir in den einmalig schönen Queen Charlotte Sound mit seinen vielen Buchten und dem steil abfallenden Ufer ein.

Ein Passagier der Fähre nimmt mich in seinem Auto mit nach Blenheim, 30 Kilometer südlich von Picton. Blenheim ist Hauptzentrum der neuseeländischen Weinproduktion, aber nicht der edle Tropfen, sondern die Tatsache, daß mein Seglerfreund Alistair, der Skipper der Black Sheep, hier auf seiner Farm Benhopai lebt, führt mich in diese Gegend. Alistair ist ein Junggeselle, der sich sein wunderschönes altes Farmhaus, das in einem ausgedehnten Park liegt und einen Swimming-Pool hat, wirklich geschmackvoll mit antiken Möbeln eingerichtet hat. Als Überraschung wartet hier noch ein Weihnachtspäckchen von meiner Freundin Elke aus Deutschland auf mich. Beim Auspacken kann ich mein Heimweh nicht unterdrücken.

Auf den Hügeln von Benhopai weiden 15.000 Schafe, 1.200 Rinder und 90 Hirsche. Zwei Stunden sind wir mit dem Farmtruck unterwegs um alles zu besichtigen. Gatter auf, Gatter zu — das habe ich in den vergangenen Wochen bereits ausreichend gelernt.
Etwa 2 Kilometer von Alistairs Haus entfernt leben auf Benhopai noch drei Familien, deren männliche Mitglieder als Farmangestellte bei Alistair arbeiten. Seine Aufgabe besteht fast nur noch in der Verwaltung des Ganzen. Während der Schursaison wird eine shearing-gang eingestellt, das ist eine Gruppe von meist jungen Leuten, die von Farm zu Farm zieht und Schafe schert, Wolle sortiert und alle in diesem Zusammenhang anfallende Arbeit erledigt. Die Schafscherer werden pro Schaf bezahlt, und wenn dabei auch ein wenig Blut fließt, ist es für sie nicht wichtig, Hauptsache es geht schnell. Es passiert sogar, daß Schafe so sehr verletzt werden, daß man sie hinterher schlachten muß. Der letzte Rekord eines Scherers liegt bei 867 Schafen an einem Tag.
Obwohl ich auf Benhopai nach allen Regeln neuseeländischer Gastfreundlichkeit verwöhnt werde, fahre ich schon bald weiter nach Christchurch. Die Stadt, von der behauptet wird, sie sei noch englischer als England, wurde 1850 gegründet, nach sorgfältig ausgearbeiteten Plänen des Engländers John Robert Godley. Die Siedler, die auf Schiffen um die halbe Welt reisen mußten, bis sie hier ankamen, waren ordentliche, fleißige und nicht zuletzt wohlhabende Bürger Englands. Kein Haus, und das gilt noch heute, darf höher sein als die anglikanische Kirche, ein neugotisches Bauwerk im Zentrum der Stadt. Christchurch besitzt eine Ausstrahlung, die die Stadt für mich zu einer der schönsten Neuseelands macht. Die Ufer des Avon Flusses, der sich durch die gesamte Stadt schlängelt, sind mit Gras und Bäumen bewachsen, und viele Parkanlagen laden zum Spaziergang ein. Trotzdem verlasse ich Christchurch nach einigen Tagen, denn ich möchte nicht länger darauf warten, die vielgepriesene Bergwelt der Südinsel kennenzulernen.
Bis Timaru sind es noch etwa 100 Meilen über die Nationalstraße entlang der Küste, danach muß ich abbiegen

auf eine weniger befahrene Straße Richtung Mount Cook, ins McKenzie-Land. Ich habe Glück. Ein australischer Tourist mit Leihwagen nimmt mich mit, nachdem er kurz vorher schon eine Japanerin und eine Dänin aufgelesen hat. Bei der Jugendherberge am Lake Tekapo, einem türkisblauen Bergsee, steigen wir drei Rucksacktouristen aus.

Lake Tekapo

Die Lage des Hauses mit einer traumhaften Sicht auf die Bergkulisse und den von Schmelzwasser gespeisten See, steht einem First-Class-Hotel in keiner Weise nach. Ich unternehme meine erste Wanderung mit einer sportlichen Amerikanerin. Von ihr bekomme ich auch wertvolle Hinweise auf längere Touren in den Nationalparks. Die "Milford-Wanderung" sei meistens sehr stark besucht, hingegen sei die "Routeburn-Wanderung" genauso schön, man brauche sich aber keiner Gruppe anzuschließen.
Am Morgen erscheint der Klempner des Dorfes in der Herberge um zu fragen, ob jemand mit hinauf zur Hermitage, dem winzigen Bergdorf im Mount Cook Nationalpark fahren möchte. Ich überlege nicht lange, schlucke meinen Kaffee runter und schon sitze ich im Wagen.

Vorsorglich hatte ich mir für die Nacht schon ein Bett in der Mount Cook Jugendherberge reservieren lassen, denn sie ist im Durchschnitt bis zu 30 % überbelegt. Der nette Herbergsleiter läßt jede Nacht noch 15 bis 20 Leute auf dem Boden des Aufenthaltraumes schlafen, denn außer dem teuren Hermitage-Hotel gibt es keine Übernachtungsmöglichkeiten. Eine Dusche gibt es nur im Bad des Leiters, aber nach freundlichem Bitten darf man die mitbenutzen. Der Plan für eine neue Herberge ist zwar schon längst fertig, doch streiten sich die Verantwortlichen schon seit mehreren Jahren, ob das Haus 20 Kilometer weiter unten im Tal gebaut werden soll — was für uns Travellers uninteressant wäre, denn es gibt kaum eine Transportmöglichkeit in die Hermitage — oder mit einem größeren Kostenaufwand an alter Stelle.
Im Bergdorf erwische ich drei Sonnentage, nachdem es dort 3 Wochen lang geregnet haben soll. Geschulte Bergführer leiten verschiedene Wanderungen, die in leicht, mittel und schwer untergliedert sind. Ich nehme unter anderem an einer Tour zum Hooker-Gletscher teil. Die Route wird als schwierig bezeichnet. Unsere Bergführer sind zwei Frauen, Bobby und Robin.
Zunächst überqueren wir kurz hintereinander zwei über Gletscherbäche führende schwingende Hängebrücken, bevor wir das Gletschertor, das Ende der Gletscherzunge, erreichen. Nun geht es durch Busch und Gestrüpp bergauf, zu den Seitenmoränen des Hooker. Robin nimmt Funkkontakt mit dem Parkbüro auf: "Alles okay! Wir werden vor Dunkelheit zurück sein." Ständiger Kontakt ist wichtig, denn das Wetter kann in den Bergen sehr schnell umschlagen und zur lebensgefährlichen Falle werden.
Nach der Mittagsrast steigen wir über die steile Geröllwand ab, um auf dem meterdicken Eisstrom zurückzuwandern. Mount Cook und Mount Sefton liegen frei unter dem tiefblauen Himmel, und in meiner Begeisterung entschließe ich mich, gleich mehrere Wochen zu bleiben. Noch am Abend will ich im Hotel nach einem Job fragen.
Als wir am späten Nachmittag zurück zum Dorf kommen, habe ich mich mit den beiden Bergführerinnen schon gut

Hängebrücke
über den
Gletscherbach

angefreundet. Bobby lädt mich ein, bei ihr zu wohnen, sollte die Sache mit dem Job klappen. Das ist wirklich nett. Leider klappt es aber mit der Arbeit nicht. "Das Hotel steht unter staatlicher Kontrolle, und ohne Arbeitserlaubnis ist da nichts zu machen", meint der Küchenchef, ein junger Schweizer.

Am nächsten Tag muß ich die Jugendherberge verlassen, weil ich schon vier Nächte dort war. Da es in Strömen regnet, komme ich auf Bobbies Angebot zurück und bleibe noch eine Nacht bei ihr. Es ist interessant zu hören, wie viele der jungen Parkangestellten selbst schon auf längeren Auslandsreisen waren. "Neuseeland ist für uns ein großer Spielplatz, zum Bergsteigen, Skifahren, Segeln und Fischen. Daher kommen wir alle gerne wieder zurück."

Es ist naß, kalt und stürmisch, als ich am nächsten Tag auf der Suche nach einem Fleckchen blauen Himmels losmarschiere. Über meinen Rucksack habe ich einen großen Müllsack gezogen, über mich den Regenmantel. Mein Gesicht mit einem gequälten Lächeln ist kaum zu erkennen, und ich habe nur wenig Hoffnung, daß bei meiner klatschnassen Uniform überhaupt jemand anhält. Eine Touristenfamilie erbarmt sich und bringt mich

wenigstens einige Kilometer weiter, wo es dann auch nicht mehr regnet.
Geschlagene zwei Stunden sitze ich an der Kreuzung von Omarama, bis mich ein Farmer auflädt. Leider auch nur für 10 Meilen. Anschließend marschiere ich eine Stunde zu Fuß. Aber so komme ich auch nicht voran. Zwei weitere Stunden sitze ich am Wegrand, springe bei jedem vorbeirauschenden Fahrzeug auf, fluche immer lauter und deutlicher. Schon wieder fährt einer vorbei — stoppt — kommt zurück — nimmt mich mit. Bis Oamaru? Das ist ja phantastisch. Am liebsten wäre ich dem netten Herrn um den Hals gefallen. An der Nationalstraße ist es dann überhaupt kein Problem mehr, Richtung Dunedin weiterzukommen.
Der Stapel pornographischer Zeitschriften, den ich beim Einsteigen in einen LKW unter dem Beifahrersitz entdecke, trägt dazu bei, daß ich die Einladung des Fahrers, die Nacht bei ihm zu verbringen, dankend ablehne. Ohne Widerspruch setzt er mich dann in einem kleinen Küstenort ab, 50 Kilometer nördlich von Dunedin.
Von der Jugendherberge, die es hier gibt, hatte ich schon am Lake Tekapo gehört: sie ist ruhig, direkt am Meer, keine Ausgangsregelungen (normalerweise muß in den

Waikouaiti, 50 Km nördlich von Dunedin

Jugendherbergen das Haus von 10 bis 17 Uhr verlassen werden), und sie hat eine supernette Herbergsleiterin: Kelly aus Kalifornien. All diese guten Eigenschaften treffen wirklich zu. Wir sind eine lustige Clique, und ich bleibe länger als geplant. Statt fünf Dollar Übernachtungsgebühr zu zahlen, arbeite ich einige Stunden im Garten — das spart Geld und macht Spaß. Eddy, ein Engländer, den ich schon von Mount Cook kenne, verwöhnt uns mit Kuchen. Backen ist sein Hobby.

Tagsüber beobachte ich die schwarzen Schwäne in der ruhigen Lagune, mache lange Strandwanderungen an dem verlassenen Ufer der Bucht und bin wieder einmal so begeistert, daß ich mir vorstelle, wie schön es doch wäre, in den kommenden Monaten selbst eine Jugendherberge zu leiten. Dazu braucht man keine Arbeitsgenehmigung, und man kann es probeweise auch einmal für 2 bis 3 Monate versuchen. Solche Pläne zu schmieden war schon immer meine Schwäche gewesen.

Abends sitzen wir gemütlich zusammen, tauschen Reiseabenteuer aus und geben Tips weiter. Bei Kelly fühlen wir uns wie zu Hause. Keiner möchte weiterreisen. So bleibe ich schließlich 10 Tage.

Dann entdecke ich ein Stellenangebot in der Zeitung: Aprikosenpflücker gesucht. Central Otago. Unterkunft vorhanden. Inzwischen bin ich statt der geplanten zwei schon drei Monate in Neuseeland und würde gerne mindestens nochmal so lange bleiben. Da käme ein kleiner Nebenverdienst wie gerufen. Ich telefoniere mit Mr. Craig, dem Farmer. Der stellt mich sofort ein, und ich verspreche, innerhalb einer Woche in Roxburgh, Central Otago, zu sein.

Auf dem Weg dorthin besuche ich Mary und Peter Bruce, ein älteres Ehepaar, das mich damals von Christchurch nach Timaru mitgenommen hatte. Die Tramptour zu den Bruces verläuft unangenehm, denn mein Fahrer kann es nicht lassen mit seinem Penis herumzuspielen, während er mich gleichzeitig nach meinen Erfahrungen mit neuseeländischen Männern fragt. Noch widerlicher wird das Ganze durch den bestialischen Gestank eines Schaftransporters direkt vor uns.

Mary und Peter wohnen in einem Vorort von Dunedin. Ich kann das Haus nicht verfehlen, denn die gute Mary hat als Erkennungsmerkmal eine deutsche Flagge an ihren Briefkasten geklebt. Als Empfangsessen gibt es German Bierwurst, Kartoffelsalat und zum Nachtisch Apfelstrudel. Stolz berichtet Mary von ihrem Deutschkurs, den sie einmal pro Woche besucht.
Peter ist Elektroingenieur an der Otago University. Wir holen ihn auf einem Expeditionsschiff im Hafen ab, wo er die defekte Radaranlage repariert. Es ist die "Southern Quest", ein englisches Schiff, das zwei Männer, die auf den Spuren von Scott und Amundsen zum Südpol wandern werden, in die Antarktis begleitet. Ich erinnere mich an die Bilder eines Dia-Vortrags, den ich im Mount Cook Park gesehen hatte, und hätte am liebsten meinen Rucksack gepackt um mitzufahren. Auch Graeme, der Kapitän, hätte nichts dagegen, aber es ist ein kleines Schiff und mit 25 Mann, die bereits an Bord sind, ist es voll besetzt. Ich entscheide mich also doch fürs Aprikosenpflücken.
Mary packt mir noch diverse Gemüse aus dem Garten ein, damit ich die ersten Tage an meinem Arbeitsplatz nicht verhungern müsse.

Blick über Otago

Die Obstplantage der Craigs liegt ganz in der Nähe des Roxburgh Hydrodamms, der den Clutha-Fluß staut. Früher wurde Gold aus dem Clutha gewaschen, heute dient er der Bewässerung des trockenen Landes, das zum Hauptzentrum für Steinobstanbau geworden ist.
Mr. Craig verliert keine Zeit, und kaum habe ich meinen Rucksack in der kleinen Holzhütte, die ich mit der 17-jährigen Studentin Rosi aus Dunedin teile, abgestellt, trage ich auch schon meine Blechdose mit der Nummer 1 um den Hals und werde per Traktor zu einem der Obstgärten gefahren. Insgesamt 17 Leute arbeiten als Pflücker auf der Farm. Meine Partnerin ist Hermida, eine Austauschstudentin aus Honduras. Sie ist froh, daß ich Spanisch spreche, denn ihr Englisch ist noch nicht sehr gut und ich habe das Gefühl, daß sie einsam ist. Eine kurze Erklärung meiner Aufgabe (wie stelle ich meine Leiter auf, um möglichst viele Früchte möglichst schnell zu plücken), und los gehts.
In einem Gemeinschaftsraum gibt es eine Kochgelegenheit und einen Fernseher. Zweimal pro Woche können wir Lebensmittel bestellen, denn um selber ins Dorf zu gehen fehlt die Zeit. Die Rechnung dafür wird am Ende der Ernte von unserem Lohn abgezogen. Da Hermida von dem Geld sowieso nichts sieht — ihr Lohn wird an die Studentenaustauschorganisation überwiesen — kauft sie meine Lebensmittel mit.
An einem Morgen, wir werden wie immer um 6 Uhr geweckt, heißt es dann: "Ihr könnt weiterschlafen, wir fangen heute erst um 10 Uhr an!" Na prima. Rosi und ich glauben, es sei wegen der nassen Bäume und legen uns sofort wieder aufs Ohr. Als ich später aufstehe und vor unsere Hütte trete, traue ich meinen Augen nicht. Es hat geschneit und die weißen Felder reichen fast bis zu den ersten Gärten. Unglaublich, denn noch am Vortag waren die Temperaturen auf 35 Grad geklettert, so daß mir vor Hitze schwindlig wurde und ich Angst hatte, von meiner Leiter zu stürzen. Wie Rosi mir sagt, sind Temperaturschwankungen von 30 Grad Celsius und mehr innerhalb weniger Stunden in Central Otago keine Seltenheit.

Wir arbeiten neun Stunden pro Tag. Samstag und Sonntag werden als Überstunden bezahlt. Die ersten Tage sind für mich die härtesten. Abends im Bett schließe ich meine Augen und sehe nichts als Aprikosen. Mein Genick ist steif von dem Lederriemen, an dem ich meine oft schwere Dose trage, der Rücken schmerzt und die Oberschenkel sind mit blauen Flecken übersät. Arme und Beine sind zerkratzt, als ob ich mich mit einer ganzen Katzenmeute angelegt hätte, und die Wunden brennen beim Duschen. Andererseits sitzen wir alle im gleichen Boot und so ist die Arbeit nur halb so schlimm. Außer mir sind noch drei Globetrotter dabei, um sich mit dem Job die Reise zu verlängern.

Aber das verdiente Geld reicht mir zwei Monate lang zum Leben. Rosi, meine Mitbewohnerin, hat mehr in ihrer Lohntüte als erwartet und kommt für eine Woche mit mir, um die Freiheit des Trampers, kennenzulernen.

Wir haben unglaublichen Spaß, obwohl wir oft stundenlang am Straßenrand sitzen müssen. Rosi lädt mich ein, für ein paar Tage mit ins Haus ihrer Eltern nach Port Chalmers zu kommen, bevor ich weiter zum Südzipfel Neuseelands reisen werde.

Port Chalmers ist das Hafengebiet von Dunedin und liegt, wie die Hauptstadt Otagos selbst, an der Otago Harbour Bucht. Noch etwa 15 Kilometer sind es von hier bis Dunedin, doch weiter im Land ist das Fahrwasser der Bucht für die großen Frachtschiffe nicht mehr tief genug. Erste Bedeutung gewann Port Chalmers, als 1882 in Neuseeland ein neuer Wirtschaftszweig begründet wurde, und das erste mit Schaffleisch beladene Kühlschiff von hier aus nach England fuhr.

Ich bleibe mehrere Tage bei Rosi in Port Chalmers und fahre auch einige Male mit ihr nach Dunedin. Sie führt mich zu den wichtigsten Sehenswürdigkeiten der Stadt. Wir besuchen den Universitätscampus, wo neugotische Gebäude stehen, das Early Settlers Museum mit vielen interessanten Ausstellungsstücken, darunter die Werkzeuge der frühen Goldwäscher, und die Cadbury's Schokoladenfabrik. Als für Rosi das Semester wieder beginnt, trampe ich Richtung Süden, nach Invercargill.

Invercargill
Yankee River
Long Harry
East Ruggedy
Christmas Village
Benson Peak
Little Hellfire
Big Bungaree
Port William
North Arm
Fresh-water Landing
Oban
Mason's Bay
STEWARD ISLAND
Wanderroute

Abenteuer Steward Insel

In Invercargill treffe ich zufällig den Engländer Eddy wieder. Wir kennen uns aus der Jugendherberge Waikouati. Auch er möchte zur buschbewachsenen Steward Insel, um dort die Nord-West-Route zu erwandern. Wir schließen uns zusammen. Die Insel ist Naturschutzgebiet und ein Vogelparadies. Sogar der sehr selten gewordene Kiwi, ein Laufvogel, ist um die Masons Bay noch ansässig. Die verschlafene Insel ist nur in dem 300 Einwohner kleinen Ort Oban bewohnt.
Unser Gepäck lassen wir in der Jugendherberge von Invercargill zurück. Stattdessen fülle ich den Rucksack mit etlichen Rationen Trockengemüse, Keksen, Datteln, Müsli und Milchpulver. Eddy hat eine genaue Karte besorgt, ich den Hüttenplan der Tour. In Tagesetappen hat das Forstamt Hütten errichtet, die jeweils mit Feuerstelle, alten Kochtöpfen und 4 bis 6 Matratzen ausgestattet sind.
Auch für Eddy sind die negativen Beschreibungen der Wanderung nichts Neues: Sumpf, Matsch, nasse Füße, außerdem Regen, Regen, Regen! Trotzdem sind wir fest entschlossen, die Bekanntschaft mit dem einheimischen Busch durchzustehen.
1. Tag: Invercargill — Oban — Port William
Frühmorgens begeben wir uns zum Flugplatz von Invercargill. Mit dem Jugendherbergsausweis kann man schon für 30 DM einen Stand-by-Flug nach Oban buchen. Wir haben Glück, denn noch am gleichen Morgen gibt es zwei freie Plätze in der winzigen 6-Sitzer-Maschine, die uns über die 24 Kilometer breite Foveaux-Straße trägt. Aus der Vogelperspektive besichtigen wir zum ersten Mal die mit dichtem Grün bewachsene Insel mit ihren unzähligen Buchten und dem alles überragenden 980 Meter hohen Mount Anglem.
Wir verlieren keine Zeit in Oban, wo es außer einem Pub, der Post und einem winzigen Krämerladen nichts

zu sehen gibt, sondern tragen uns im Buch der Forstverwaltung ein und marschieren los. Sollte man an dem im Buch eingetragenen Datum nicht wieder zurück sein, wird ein Suchtrupp losgeschickt.
Das Wetter ist untypisch — strahlender Sonnenschein. Die ersten 5 Kilometer zu Beginn des Pfades führen über eine Teerstraße. Der anschließende Teil ist ein mit Holzlatten befestiger Weg, der sehr gut markiert ist und unter anderem über zwei Hängebrücken führt.
Die Port William Hütte, unser erstes Etappenziel, liegt an einem moskitoreichen Strand. Ich bin enttäuscht von der Anzahl der Gäste: gut ein dutzend Leute. Die meisten machen nur eine 2-Tages-Tour, etwa die Hälfte der Wanderer aber war schon eine Hütte weiter und ist dann wieder umgekehrt. An ihren Kleidern und Schuhen können wir den Grund für diesen Entschluß unschwer erkennen: knietiefer Matsch, vier Stunden lang. Niederschmetternde Prophezeihungen!
2. Tag: Port William — Big Bungaree
Schon früh bin ich auf den Beinen, um Feuer für den Kaffee zu machen. Ich habe schlecht geschlafen, denn ein Schnarcher unter den Hüttenbewohnern bot während der Nacht ein lautstarkes Konzert. Vor dem Abmarsch reibe ich Arme und Beine dick mit Insektenabwehrmittel ein. Nach kaum 20 Minuten erreichen wir den aufgeweichten Schlammabschnitt. Zunächst versuche ich mich am Wegrand entlangzumogeln, was mir auf die Dauer aber zu beschwerlich ist. Ich entschließe mich für nasse Füße und stapfe mitten durch den Schlamm. Zu allem Übel regnet es in Strömen. "Wenn das wirklich die ganze Tour so weitergeht, erscheint sie mir ziemlich sinnlos", gebe ich zu. Auch Eddy scheint entmutigt. Die zahlreichen Rotkehlchen, Meisen, Sittiche und Tuis halten sich bei dem Regenwetter versteckt, und so legen wir die Strecke bis zum Bungaree Strand, an dessen Ende die Hütte steht, ohne Pause zurück. Da wir nun sowieso naß sind, wollen wir noch nach Muscheln fürs Abendessen suchen. Wir schnallen den Rucksack ab, um besser auf den Felsen herumklettern zu können, aber es ist nichts zu finden. Dann gibt es eben ein Fertiggericht.

Hängebrücke auf dem Weg zur Port William-Hütte

Vier Jungs sind gerade im Aufbruch zurück nach Port William und ein wärmendes Feuer ist noch an. "Wir haben die Nase voll. Bergauf, bergab, und ständig im Schlamm. Noch dazu sieht man nichts", sind ihre Worte. Langsam komme ich mir blöd vor, es überhaupt zu versuchen, aber Eddy und ich sind wild entschlossen!
Ich habe nichts Eiligeres zu tun, als meine nassen Klamotten ans Feuer zu hängen und Kaffeewasser aufzusetzen. Gerade beginnen wir unser obligatorisches Kartenspiel "Oh hell", als zwei ältere Männer die Hütte betreten. "Scheiß Wetter", meint einer der beiden mit Kiwi-Akzent und nimmt einen Schluck Whisky aus der Plastikflasche. Die zwei Originale kommen aus entgegengesetzter Richtung und beteuern, daß es zwar hin und wieder naß sei, aber trotz allem ein lohnender Marsch. "Also kann es nur noch besser werden", denke ich mir und tausche aufmunternde Blicke mit Eddy.

3. Tag: Big Bungaree — Christmas Village
Weite Sandstrände, meterhohe Farne, erfrischend klare Bäche und zwitschernde Vögel sind die Eindrücke eines wunderschönen Tages, als wir am Nachmittag Christmas Village erreichen. Während Eddy Holz sucht, begebe ich mich mit Kochtopf und Seife ausgerüstet auf die Suche nach Wasser. Dabei entdecke ich das schönste Badezimmer meines Lebens — ein glasklarer Bach im Schatten baumhoher saftig grüner Farne.

Herrlicher Strand hinter Big Bungaree

Eddy berichtet stolz von drei Pinguinen, die er am Strand gesehen hat. Ich bin neugierig, doch als ich hinkomme, sind sie bereits verschwunden. Dafür höre ich die ganze Nacht ihr Geschrei, das an die Säuglingsstation einer Kinderklinik erinnert.
4. Tag: Christmas Village — Yankee River
"... happy birthday dear Gabi, happy birthday to you". Mit diesem Ständchen weckt Eddy mich an meinem 26. Geburtstag. Ich traue meinen Augen nicht, noch immer ist kein Wölkchen am Himmel zu erkennen. Ein schöneres Geschenk konnte ich mir nicht wünschen. Den ganzen Tag werden wir vom Gesang der Vögel begleitet. Der erste Streckenabschnitt ist einfach zu wandern. Ein

flacher trockener Pfad durch lichten grünen Wald. Nach etwa drei Stunden erreichen wir Lucky Beach. Ich will gerade über eine Hängebrücke, als ich 20 Meter weiter am Strand einen herrlichen Picknick-Platz mit grüner Wiese entdecke. Nichts wie hin. Wir machen dort Mittagsrast. "Kein Mensch wird uns jemals glauben, daß wir auf Steward Island nackt badeten und in der Sonne lagen", überlegen wir uns während einer erholsamen Siesta. "Wenn wir erzählen, welches Wetter wir hatten, werden wir glatt als Lügner abgestempelt."
Die Yankee River Hut liegt an einem breiten Fluß und zur Feier des Tages wasche ich dort meine Haare. Eddy lädt zum Kerzenlichtdinner im Yankee River Hut-Restaurant ein. Als Geburtstagsmenu mit drei Gängen empfiehlt mein Küchenchef Tomatensuppe, Reis und Fertigpudding. Dazu einer der feinsten Nescafés. Ein unvergeßlicher Geburtstag!

5. Tag: Yankee River — Long Harry

Eddy fühlt sich sehr schwach. Er hat sich in der Nacht mehrmals übergeben, und auch mein Magen beginnt zu rumoren. Aus den Eintragungen im Hüttenbuch ersehen wir, daß es schon mehreren Wanderern an dieser Stelle so ergangen ist. Mußte wohl das Wasser aus einem dieser umliegenden Bäche sein. Wir wollen es trotzdem versuchen, in dem guten Glauben, einen Viereinhalb-Stunden-Tag vor uns zu haben.
Die Strecke ist tierisch anstrengend, ein ständiges bergauf-bergab, und erst nach sieben Stunden erreichen wir die nächste Hütte, wo auch ein Deutscher die Nacht verbringt. Er besitzt einen Reiseführer, in dem ich nachlese, daß die Nord-West-Tour als eine der härtesten Wanderungen Neuseelands bezeichnet wird. Jetzt wundert mich gar nichts mehr.

6. Tag: Long Harry — East Ruggedy

Eddy fühlt sich noch immer nicht so fit, daher entschuldige ich auch seinen langsamen Start am Morgen. Wir kommen nicht vor 11 Uhr aus der Hütte. Aber es ist ein guter Tag. Nicht zu heiß und nicht zu viele Berge. Der erste Teil unserer Tagesetappe führt durch flachen Busch zu einer felsigen Küste. Fast eine Stunde lang springen wir entlang der Küste von Stein zu Stein. Am Horizont können wir die Südinsel mit ihren schneebedeckten Bergen erkennen. Anschließend müssen wir über meterhohe Sanddünen und erreichen nach vier Stunden die winzige Hütte mit Wellblechdach: East Ruggedy. Nachdem wir Wasser zum Kochen und Waschen aus dem wenige Meter weiter vorbeifließenden Bach geholt haben, klettere ich nochmals auf eine der Dünen, um einige Photos zu schießen. Lange halte ich es allerdings nicht aus, denn die Sandfliegen scheinen mich auffressen zu wollen. Ich ziehe mich zu Eddy in die Hütte zurück, um meine Tagebucheintragung vorzunehmen. Viel besser ist es hier allerdings auch nicht. In der Nacht tyrannisieren mich die Moskitos derart, daß ich in langen Hosen und dicken Socken schlafe, meinen Pullover schützend um den Kopf gewickelt.

7. Tag: East Ruggedy — Benson Peak

Eddy schafft es tatsächlich einmal früh aufzustehen, und schon um acht Uhr marschieren wir los. Eine phantastische Strecke durch schattigen Wald. Oft setzen wir uns hin und beobachten die Vögel, wie sie zwitschernd von Ast zu Ast springen und sich an nichts zu stören scheinen. Sogar ein Weißschwanzhirsch kreuzt unseren Weg. In einer Rekordzeit von viereinhalb Stunden legen wir die Etappe zurück, die in meiner Wanderkarte mit sechs Stunden bemessen ist.

Die Benson Peak Hütte liegt mitten im Wald. Sie ist mit sechs Schlafgelegenheiten, einem Tisch und zwei Bänken eingerichtet und sehr sauber. Es gibt genügend trockenes Holz und einen großen Tank voll Wasser. Hier bleiben wir erst einmal und legen einen ruhigen Nachmittag ein. Ich fülle mir eine Schüssel mit Wasser und wasche mich vor der Hütte. Dann mache ich Feuer und koche mir eine Portion Trockengemüse als Mittagessen. Es ist erholsam, ohne die Gesellschaft von Moskitos und Sandfliegen in der Sonne zu sitzen. Wir spielen Karten und genießen die friedliche Atmosphäre des Waldes. Schade, daß wir nicht genügend Verpflegung dabei haben. Es würde sich lohnen, einen Tag länger an diesem idyllischen Fleck zu bleiben.

8. Tag: Benson Peak — Little Hellfire
Wir sind uns einig, die dreitägige Schlaufe über Masons Bay zu laufen, da man dort mit ziemlicher Sicherheit den Kiwi zu sehen bekommt. Dieser bis zu 35 Zentimeter hohe, flugunfähige Laufvogel steht unter Naturschutz und ist nur noch selten in freier Natur zu bewundern.

Benson Peak-Hütte

Es hat über Nacht geregnet und so ist der Weg ziemlich matschig. Zunächst müssen wir hinunter in eine Ebene, wo wir fast eine Stunde durch hohes Buschgras wandern. Es bläst ein eisiger Wind, und der niederprasselnde Regen sticht wie unzählige Nadeln auf meinen nackten Beinen. Nachdem wir die weite Ebene durchquert haben, führt der Weg über einen Bergkamm zur Küste mit wild zerklüftetem Ufer und tosender Brandung. Zum Glück ist inzwischen die Sonne rausgekommen. Es ist nicht mehr ganz so kalt und wir können einige Photos machen. Nach etwa fünf Stunden sind wir am Ziel unserer Tagesetappe.
Das kleine Biwak am Little Hellfire Strand bietet trockenen Schutz. Holz ist auch ausreichend vorhanden — was will man mehr, wenn schon die nächste schwarze Wolke über den Himmel fegt. Ich bin todmüde und muß noch

ein bißchen jammern. "Du Eddy, ich habe echt Angst vor dem Thompson Grat!" — "Du weißt doch wie die Leute immer übertreiben. Ganz bestimmt ist auch dieser Berg nur halb so schlimm, außerdem sind es bis dahin noch drei Tage."

9. Tag: Little Hellfire — Masons Bay

Mein Kollege braucht wieder einmal eine Stunde länger zum Packen als ich. Mir ist kalt und ich bin schlechter Laune. Beim ersten Berg heule ich. Als endlich der 15 Kilometer lange Sandstrand von Masons Bay auftaucht, fällt mir ein Stein vom Herzen. Nach einer Rutschtour durch Matsch und Schlamm, danach eine Stunde entlang tosender Brandung, erreichen wir die neu errichtete große Hütte.

In der Abenddämmerung durchstreifen wir auf Kiwisuche den umliegenden Busch. Nach einer erfolglosen Stunde kehre ich um und ärgere mich fast ein wenig, als Eddy kurze Zeit später zurückkommt und tatsächlich einen entdeckt hat. Zuerst die Pinguine, nun den Kiwi. Irgend etwas mache ich wohl falsch.

10. Tag: Masons Bay — Freshwater Landing — North Arm — Oban

Es ist genau 6 Uhr 15, als wir im Dunst des Morgens die Hütte verlassen, in der Hoffnung, wenigstens zum Schluß noch einen Kiwi zu erwischen. Und tatsächlich, ich kann es kaum fassen, als ich das drollige Tier, das mit seinem überdimensional großen Schnabel durchs Buschgras watschelt, entdecke, und falle Eddy vor Freude um den Hals.

Nicht einmal drei Stunden brauchen wir bis Freshwater Landing. Da unsere Lebensmittel zur Neige gehen, versuchen wir noch am gleichen Tag zum North Arm zu laufen. Von da aus sind es nur noch wenige Stunden bis Oban. Ein Waldarbeiter campiert in der Hütte und gibt uns als Stärkung einen heißen Kakao.

Thompson Ridge, mein Alptraum, liegt vor uns. "In sieben Stunden könnt ihr es schaffen", meint der Waldarbeiter skeptisch. — Wir schaffen es in drei! Ich bin so fit wie nie. Eddy keucht nur so hinter mir her, und ich muß laut lachen, als er rücklings mit seinem schweren Ruck-

sack in die Böschung fällt, und wie ein zappelnder Käfer nicht mehr auf die Beine kommt. Der arme Kerl!
Aufgrund meiner bombigen Kondition und unseres akuten Nahrungsmangels beschließen wir, nach einer kurzen Mittagsrast gleich weiter bis Oban zu marschieren. In den letzten Minuten, gerade rechtzeitig, bevor der einzige Laden der Insel fürs Wochenende schließt, erreichen wir den Ort. Es gibt zunächst eine große Portion Hoky-Poky-Ice-Cream, Schokolade und Joghurt fürs Abendessen.
Auf der Suche nach einem Zimmer werden meine Beine immer schwerer. Wir verbringen die Nacht bei einer Fischerfamilie, wo ich mir unter der warmen Dusche den Dreck der vergangenen Tage runterschrubbe. Als ich anschließend glücklich und müde in einen Sessel sinke und den anderen Travellers im Haus von unserer Tour erzähle, komme ich nicht mehr alleine auf die Beine. Meine Muskeln sind hart wie Stein, und ich muß auf ein Bier im Pub verzichten.
Keine 24 Stunden später befinden wir uns wieder an Bord der kleinen Maschine. Immer kleiner wird das Abenteuer Steward Island, bis es schließlich nur noch in meinen Gedanken und Tagebucheintragungen eine lebhafte Erinnerung bleibt. Ich werde mich für einige Tage auf einer Farm in Dipton erholen. Eddy fährt zum Segelfliegen nach Lumsden.

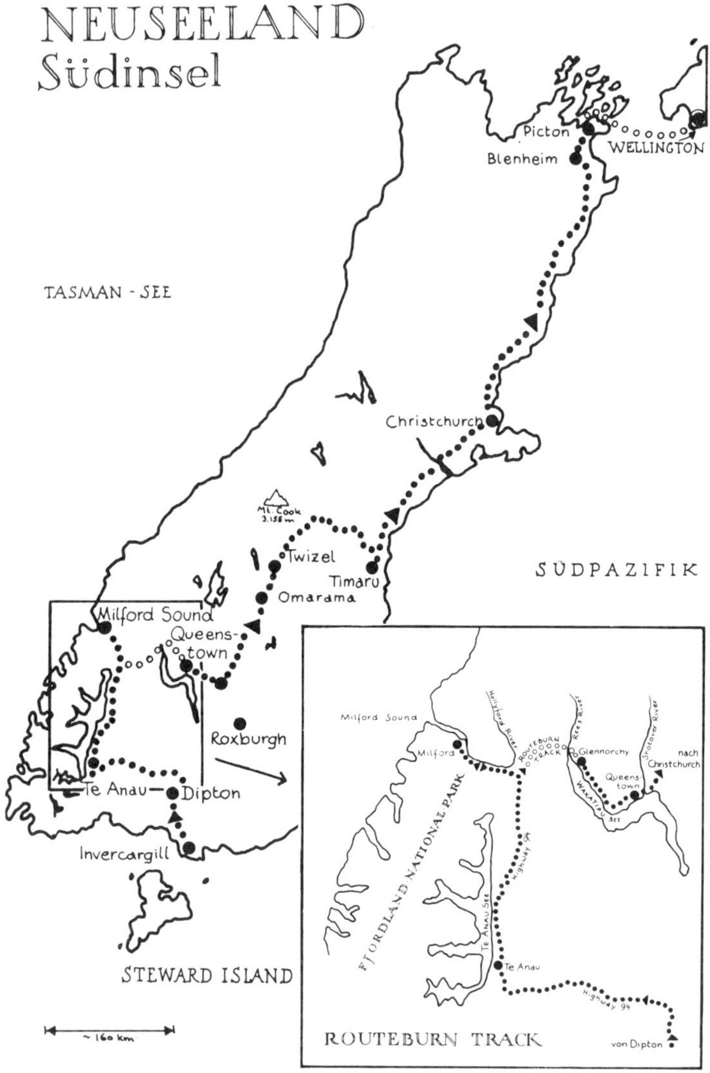
NEUSEELAND
Südinsel
Picton
WELLINGTON
Blenheim
TASMAN - SEE
Christchurch
Mt. Cook
Twizel
Timaru
SÜDPAZIFIK
Omarama
Milford Sound
Queens-
town
Roxburgh
Te Anau
Dipton
Invercargill
STEWARD ISLAND
~ 160 km
Milford Sound
Milford
Hollyford River
ROUTEBURN TRACK
Rees River
Glennorchy
Shotover River
nach Christchurch
Queens-
town
WAKATIPU SEE
FJORDLAND NATIONAL PARK
Highway 94
TE ANAU SEE
Te Anau
Highway 94
von Dipton
ROUTEBURN TRACK

Fjordland Nationalpark

Im Dairy Shop von Dipton bin ich nach einer telefonischen Ankündigung meines Besuches mit Marianne Stevens verabredet. Sie und ihren Mann Ries habe ich beim Trampen kennengelernt. Er war früher Mechaniker und besitzt erst seit 5 Jahren die kleine Farm mit 2.000 Schafen, 2 Kühen und 2 Farmhunden. Den Luxus eines hellen Zimmers mit sauberer Bettwäsche und Heizdecke weiß ich nach den Tagen im Busch besonders zu schätzen.
Während ich Ries bei der Farmarbeit helfe, beeindruckt mich immer wieder die Intelligenz und Disziplin der Farmhunde, die genau nach dem Ton der Hirtenpfeife arbeiten und selbst auf großen Weideflächen einzelne Schafe zu lenken verstehen.
Mit Marianne besuche ich einen Rotwildfarmer in der Nachbarschaft, der auch des öfteren Rucksackreisende in seinem Haus zu Gast hat. Ich glaube einen freundschaftlichen Wettstreit der Familien zu bemerken, wer die internationalsten Besucher hat. Das überrascht mich nicht, in Anbetracht der Abgeschiedenheit dieser Farmen und der Mentalität der Neuseeländer.
Nach drei Tagen zieht es mich weiter ins Fjordland. Ich trampe bis Te Anau, dem Ort am gleichnamigen See der Südinsel, um dort genauere Informationen über die Wanderungen im Fjordland-Nationalpark einzuholen.
Die bekannteste Wandertour — amerikanische Touristen zahlen bis zu 500 NZ-Dollar für eine Wanderung mit Führer und Unterkunft in Hütten über den Milford Track — ist leider ausgebucht. Als freedom walker, so bezeichnet man den individuellen Wanderer, kann man bereits für 10 NZ-Dollar auf den Milford Track, doch nur eine bestimmte Anzahl von Wanderern ist pro Tag zugelassen, und besser zahlende Gäste werden selbstverständlich bevorzugt. Ich beschließe, stattdessen den Routeburn zu laufen. Dieser Weg ist nach Angaben meines Reiseführ-

rers mindestens genauso lohnenswert, jedoch erfordert er mehr Erfahrung und Kondition.
In Te Anau fülle ich meinen Rucksack erneut mit Eßbarem. Mein eigentliches Gepäck schicke ich dieses Mal per Bus nach Queenstown. Ich übernachte in der modernen Jugendherberge und habe Glück, daß ich beim Frühstück einen jungen Mann kennenlerne, der in seinem Leihwagen zum Milford Sound fährt. Er ist Deutscher und arbeitet als Elektroingenieur für Siemens in Australien.
Die Straße führt durch dichten Wald, vorbei an Flüssen und kleinen Seen. Wir erreichen den Fjord — der von Rudyard Kipling sogar als achtes Weltwunder bezeichnet wurde — gerade rechtzeitig, um an einer Bootstour teilnehmen zu können. 16 Kilometer sind es bis zur rauhen Tasman-See. Unzählige Wasserfälle stürzen von den steilen Felswänden donnernd in den Sound. Überragt wird das Schauspiel von der 1.836 Meter hohen Felswand, dem Mitre Peak.

Milford Sound

Auf dem Rückweg bringt Holger mich zur Main Divide, wo ich meinen Rucksack aufsetze und den Routeburn starte. Frohen Mutes marschiere ich los zur ersten Hütte am McKenzie-See. Erst nach fast zwei Stunden treffe ich andere Wanderer. Es ist schon spät und ich halte nicht an. "See you at Lake McKenzie", grüße ich im Vorbeilaufen. "Lake McKenzie?" Das Mädchen ist verwundert. "Dann bist du aber auf dem falschen Weg. Dieses ist der Greenstone, nicht der Routeburn." Ich fluche leise vor mich hin, denn ich bin bei der letzten Gabelung auf den falschen Pfad geraten und muß nun wieder zurück. Naja, ich wurde ja einigermaßen rechtzeitig darauf aufmerksam gemacht und kann noch vor Einbruch der Dunkelheit die McKenzie-Hütte an dem klaren Bergsee mit herrlichem Blick auf die umliegenden Gipfel erreichen. Zum Abendessen gibt es getrocknete Aprikosen, denn ich habe keine Lust zum Kochen und liege schon bald auf einer der 30 Matratzen.

Um 5 Uhr morgens weckt mich das Geschrei von etlichen Keas, die sich um die Hütte eingefunden haben. Diese Papageienart mit ihrer kleptomanischen Neigung ist mit Vorsicht zu genießen, denn es kann passieren, daß am Morgen nur noch die zerfetzte Verpackung an eine mitgebrachte Nahrungsmittelration erinnert. Das kann allerdings nur geschehen, wenn man im Freien übernachtet oder seinen Rucksack vor der Hütte läßt. Auch hungrige Opossums können da für manche Überraschung sorgen, wie ein junger Mann, der auf der Veranda übernachtet hatte, am Morgen feststellen mußte.

Dem natürlichen Kea-Wecker bin ich schließlich doch noch dankbar. Während die ersten Sonnenstrahlen die Berggipfel vergolden, genieße ich meinen heißen Kaffee vor der Hütte. Dann packe ich meine Sachen zusammen und mache mich noch in der Kühle des Morgens auf den Weg.

Die nächste Etappe führt hinauf zum Harris Sattle und bietet an diesem klaren sonnigen Tag einen weiten Blick über den Fjord und die Berglandschaft. Mehrere Stunden verweile ich auf dem Gipfel und genieße die berauschende Einsamkeit. Weiter führt der Weg vorbei an wilden Wasserfällen zur Routeburn Flat Hütte.

Nach einer unruhigen Nacht ist es nicht mehr weit zur Straße nach Glennorchy, wo mich beim Weitertrampen

Blick vom Harris Sattle über den Fjord

zwei Australierinnen in ihrem Taxi mitnehmen. Ursprünglich wollte ich von dem kleinen Dorf Glennorchy aus auf den Rees-Dart-Track. Da mir diese Tour über einen hohen, meist schneebedeckten Paß im Alleingang zu gefährlich scheint und ich auch auf dem Campingplatz keine Mitwanderer finden kann, trampe ich weiter nach Queenstown, dem Touristenzentrum am Wakatipu-See.

In Queenstown möchte ich mich nach einem Job umsehen, um mal wieder drei bis vier Wochen an einem Ort zu leben. Ich frage bei Ted, einem Hotelbesitzer an, ob er keine Arbeit für mich habe. "Kannst du streichen?" will er wissen. "Ich habe vor zwei Jahren mal mein Zimmer gestrichen", antworte ich zögernd. "Du kannst es ja probieren. Mein Haus muß gestrichen werden." So schnell geht das. Für Unterkunft und Verpflegung arbeite ich 20 Stunden pro Woche. Ich muß zugreifen, denn

die meisten Stellen werden nur bei vorhandener Unterkunft vergeben, was in Queenstown ein großes Problem ist. Nun kann ich meine Kiste am Busbahnhof abholen und meine neue Bleibe einrichten.
Nachmittags entdecke ich am Anschlagbrett der Promenade das Stellenangebot eines Restaurants. Ich stelle mich noch am gleichen Abend vor und nehme diesen Job für abends an. So lohnen sich die vier Wochen wenigstens.
Um 8 Uhr morgens klingelt mein Wecker. Rein in die alten Klamotten, die Ted mir geliehen hat, und zum Frühstück in die Küche. Eine Schottin und eine Engländerin arbeiten im Haus, zwei Amerikanerinnen im Garten. Alle vier arbeiten lediglich für Unterkunft und Mahlzeiten. Ich hatte schon geglaubt, nach den Aprikosen so schnell auf keine Leiter mehr zu müssen — aber wesentlich wackeliger und höher ist das Gerüst, auf dem ich die

Das Hulbert House, frisch gestrichen

nächsten Wochen stehen werde. Doch mit guter Musik aus dem Radio und einem herrlichen Blick auf den Wakatipu-See und die umliegenden bewaldeten Berge fällt die Arbeit leicht.
Das Hulbert House ist eine viktorianische Holzvilla, 1889 erbaut und vor drei Jahren von Ted Sturt aufgekauft. Seitdem versucht Ted mit seinen geringen finanziellen Mitteln, das historische Gebäude zu restaurieren. Die Innendekoration mit antiken Möbeln sorgt bereits jetzt dafür, daß sein Haus zur Kategorie der besten Hotels in Queenstown gezählt wird.
Mittagessen wird im Garten serviert. Leider startet Tag für Tag um diese Zeit das alte Dampfschiff Earnslaw seine Touristenfahrt über den See, und dichter, schwarzer Rauch trübt das einmalig schöne Panorama.
Nach getaner Arbeit um 4 Uhr nehme ich zunächst ein Bad in Terpentin. Duschen, Schminken, bessere Kleider anziehen — wenn ich zum Restaurant gehe, erkennen mich die Hausgäste kaum wieder. "Oh, you are the german painter", stellen sie überrascht fest.
Die Arbeit im Restaurant macht Spaß. Es ist ein australisches Barbeque-Restaurant. Oft gehe ich um 23 Uhr, wenn die letzten Gäste das Lokal verlassen haben, noch mit Marc, dem Besitzer, in eine Kneipe auf ein Glas Wein. Anders als in den meisten Städten Neuseelands gibt es hier nach Pub-Schluß um 23 Uhr noch Möglichkeiten, etwas zu unternehmen.
Meinen freien Sonntag verbringe ich in Arrowtown, einem malerischen Städtchen 20 Kilometer von Queenstown entfernt. Es hat noch heute stellenweise das Flair der alten Goldgräberstadt, zu der es Ende des letzten Jahrhunderts heranwuchs, als diese Gegend hier aufgrund ihrer Goldvorkommen Anziehungspunkt für abenteuerhungrige Goldgräber war.
Am Abend fahre ich mit der Seilbahn hinauf auf den Bob's Peak, den Berggipfel 800 Meter über dem Wakatipu-See. Hier oben im Skyline Restaurant spielt jeden Sonntag eine Band, und man kann tanzen oder einfach nur die traumhafte Aussicht über Queenstown, die Berge und den See genießen.

Queenstown am Wakatipu-See

Nach vier Wochen muß ich weiter nach Christchurch, um dort mein Visum verlängern zu lassen. Schon um 8 Uhr stehe ich an der Straße am Ortsausgang von Queenstown. Es sind fast 500 Kilometer über den Highway 8 bis Christchurch und ich möchte sie möglichst an einem Tag zurücklegen. Die ersten Kilometer habe ich Schwierigkeiten mitgenommen zu werden, doch dann kann ich mit einem LKW die ganze Strecke zurücklegen. Spät abends komme ich in Christchurch an.

Zurück nach Auckland

Im Avon View, einem gemütlichen Guesthouse im Zentrum von Christchurch, ruhe ich mich einige Tage aus, während ich auf mein Visum warte. In diesem Haus bin ich unabhängiger und beweglicher als bei der Familie, wo ich bei meinem ersten Besuch wohnte.
Trotz der fröhlichen Stimmung im Haus bin ich niedergeschlagen und deprimiert. Eines morgens kommt mir beim Kaffee der Gedanke, für einige Monate nach Hause zu fahren. Obwohl ich noch am Vortag Briefe mit meiner geplanten Adresse in Sydney verschickt hatte, spinne ich die Idee weiter. Alle netten Menschen daheim wiederzusehen wäre schon toll! Ich könnte mein Buch schreiben und wieder einmal etwas "sinnvolles" tun.
Der Gedanke macht mich sehr glücklich, und Lisa aus Alaska ist die erste, die sich zu mir setzen muß, um meinen Plänen zuzuhören. "Frühling und Sommer in Europa, das ist doch herrlich. Sydney ist im Winter sowieso nicht so gut", ist ihre Meinung dazu.
Beschwingt von diesem plötzlichen Einfall suche ich noch am gleichen Morgen sämtliche Reisebüros der Stadt auf, um den billigsten Flug nach Europa zu finden. Auckland — Tokio — London für 1.200 NZ-Dollar ist das beste Angebot. Warum eigentlich nicht?!
Die nächsten Tage verbringe ich grübelnd. Morgens noch überzeugt davon, nach Hause fliegen zu wollen, bin ich abends schon wieder am Zweifeln, denn Sydney würde mich auch sehr reizen. Nach einer Woche ist es endlich soweit. Ich buche den Rückflug, obwohl es mir schwerfällt. Teri aus Minnesota gibt mir die Adresse von Freunden in Tokio, wo ich einige Tage bleiben kann, Jeanette fliegt noch vor mir zurück nach London und erwartet dort in Kürze meinen Besuch — so muß ich wenigstens nicht direkt nach Hause.
Zum Trampen allein fehlt mir nun auch die Energie. Ich bin froh, daß Therry aus Kanada mit mir nach Auckland

kommt. Es wird eine der amüsantesten Tramptouren meines Lebens. 300 Kilometer fahren wir mit zwei Jungs in einem total überladenen Wagen mit. Eingequetscht auf der Rückbank, das Auspuffrohr über den Schultern, die Rucksäcke auf den Knien, bringen wir die Tortur hinter uns. Um 2 Uhr 20 läuft die Fähre von Picton nach Wellington aus. Wir könnten es gerade so schaffen. 2 Uhr 20 setzen uns die beiden in Blenheim ab. Von dort aus sind es noch 10 Meilen. Wir hoffen auf eine verspätete Abfahrt der Fähre, und nach zwei Minuten mit ausgestrecktem Daumen hält auch schon ein flotter Jaguar. Die zwei Männer mit Wohlstandsbauch und dicken Goldketten auf der behaarten Brust wollen uns zur Fähre bringen. Wir haben es eilig, warum also nicht? Schon sitzen wir in dem bequemen Schlitten und fahren, trotz unserer Eile, im Schneckentempo nach Picton. Natürlich ist es zu spät, als wir die Pier erreichen, und die beiden laden uns ohne Zögern zu einem Kaffee ein. Therry ist nicht sehr begeistert, doch in Anbetracht der 6-stündigen Wartezeit, die wir noch totzuschlagen haben, willigt sie schließlich ein.
Auf den Kaffee folgt eine Dinnereinladung ins beste Haus am Platze. Wir haben inzwischen die Geldgespräche der beiden so über, daß wir sie nach Strich und Faden verarschen. Therry zögert nicht, den besten Champagner zu bestellen, und ich befürchte, daß wir auch die nächste Fähre verpassen werden.
Es klappt noch geradeso. Nur wenige Sekunden vor der Abfahrt befinden wir uns auf dem Schiff. Therry greift in die Tasche und zeigt mir, was ihr einer der beiden Männer mit den Worten "Kauft euch einen Drink an Bord" in die Hand gedrückt hat. Es ist eine 100 Dollar-Note. Wir brechen in ein Freudengeschrei aus. Gar keine schlechte Bezahlung für nichts. — Kurze Zeit später werden wir über Lautsprecher ins Büro gebeten. Die zwei hatten uns ein Radiogramm geschickt, um ein Treffen in Wellington zu vereinbaren. Wir sind der Meinung, daß die Sache bisher recht lustig war, uns aber jetzt zu heiß wird.
Die Strecke von Wellington nach Auckland können wir mit einem einzigen LKW zurücklegen. Dort liegt die

Klaus Störtebecker im Hafen auf dem Trockendock. Dieter und Monika sind mit der neuen Crew hart am arbeiten. Die Klaus erhält einen neuen Anstrich. "Du weißt ja, wir nehmen dich jederzeit wieder mit." Etwas wehmütig wird mir schon bei dem Gedanken, daß die Klaus in wenigen Tagen Richtung Fidschi segeln wird und ich eigentlich dabeisein könnte. Aber mein Entschluß ist gefaßt: Ich werde nach Hause fliegen, um mein Buch zu schreiben.
Große Abschiedsfeier bei meinen Freunden. Auch Lindsay kommt von Hokianga. Gemeinsam bringen sie mich zum Flughafen. "Irgendwann einmal werde ich wieder nach Neuseeland kommen. Vielleicht schon im nächsten Jahr. Vielen Dank für eure Freundschaft. Vergeßt mich nicht!"

Auckland — Tokio — London

10 Stunden dauert der Flug mit Japan Airways nach Tokio. Vom Flughafen Narita sind es nochmal zwei Stunden per Bahn bis ins Stadtzentrum zur Uomo Station. Es ist 8 Uhr früh, als ich versuche, Fumi Saito telefonisch zu erreichen. Herr Saito, der Vater, ist am Telefon. Er versteht mich kaum. "Fumi noch nicht zu Hause. Heute Tourismus, heute abend nochmal anrufen!" Er hatte mich erwartet, doch ich bin mir nicht so sicher, ob ich auch willkommen sein werde und schlage vor, mir ein Hotel zu suchen. "No hotel, I like you!" ist die spontane Antwort. Wir einigen uns auf einen weiteren Anruf, ich packe meinen Rucksack ins Schließfach und widme mich dem Tourismus.

Gar nicht so einfach, in einer Stadt, wo man keinen Menschen versteht. Ich bin völlig verwirrt, als ich aus dem Bahnhof trete und nichts als japanische Schriftzeichen am Straßenrand entdecke. Das einzige, was mir klar lesbar entgegenstrahlt, ist ein MacDonalds. Nichts wie hin, da kann ich einen Kaffee trinken und aufs Klo gehen.

Der Gegensatz von jahrhundertealter Kultur und den schrillen Farben der Moderne beeindruckt mich sehr. Was mich stört sind die Menschenmassen. Nach 15 Monaten in den weniger bevölkerten Teilen der Erde wirken sie erdrückend. Ich möchte hinaus aufs Land, doch drei Tage sind dafür leider zu kurz.

Nur wenige Schritte von dem Bahnhof entfernt, in dessen Nähe ich gefrühstückt habe, liegt der Ueno-Park. Es ist der größte Park Tokios. Hier gibt es mehrere Museen und eine große Festhalle. Ich ziehe allerdings die Sehenswürdigkeiten im Freien vor. Eine fünfstöckige Pagode stammt aus dem Jahr 1639, auch der Toshogu-Schrein ist nur etwa 50 Jahre jünger. An den Wegen, die sich durch den Park ziehen, stehen Souvenirstände, Touristen und Studenten aus der nahegelegenen Universität sitzen auf den Parkbänken.

Am Informationsstand des Flughafens hatte man mir einen Stadtplan gegeben, den ich nun eifrig studiere. Ich werde mir ein paar Tempelanlagen und den Markt anschauen, beschließe ich nach einigen Überlegungen. In der U-Bahn bin ich schon wieder aufgeschmissen. Wie soll ich aus all den Zeichen herausfinden, welche Fahrkarte ich zu ziehen habe? Zum Glück besitze ich den Stadtplan, Menschen gibt es ja in Tokio genug. Der nächststehenden Person zeige ich die Stelle auf der Karte, wo ich hinmöchte, lege Geld auf meine Hand und deute auf den Fahrkartenautomaten. So geht das den ganzen Tag, aber ich komme überall hin, wo ich hinmöchte.
Nächste Station meines Stadtbummels ist der Asakusa-Park. Eine Reihe von Andenkenläden säumt den langen Weg vom Portal zum Mittelpunkt des Parks, dem Kannon-Tempel. Dieser Tempel wurde bereits im 7. Jahrhundert für die buddhistische Göttin der Barmherzigkeit erbaut. Daneben befindet sich ein Shinto-Schrein. Ich beobachte in Kimonos gekleidete Japanerinnen, die den Schrein zu einem kurzen Gebet besuchen. An einem der Imbißstände esse ich eine Kleinigkeit zu Mittag, dann geht es wieder hinab in die U-Bahn. Die Ginza, Tokios Einkaufsstraße Nr. 1, ist mein nächstes Ziel. Exklusive Kaufhäuser bieten hier elegante Mode und luxuriöse Markenartikel aus aller Welt an. Leider für meinen Geldbeutel zu teuer, und so bleibt es beim Schaufensterbummel.
Am Abend bin ich mit Fumi an einer U-Bahn-Station verabredet. Er hat in den Staaten studiert und spricht fließend Englisch. Wir fahren zu seinen Eltern. Vor der Tür des Hauses ziehe ich, wie in Japan üblich, meine Schuhe aus. Wie jedermann in Tokio leben auch die Saitos auf sehr engem Raum. Der Vater ist Philosophie-Professor. Sein Haus ist gefüllt mit tausenden von Büchern. Er hat langes weißes Haar und trägt einen schwarzen Kimono und Holzsandalen. Die Mutter ist eine Geisha. Leider spricht sie kein Wort Englisch.
Es gibt ein japanisches Abendessen, wobei wir auf Kissen an einem flachen Tisch sitzen. Anschließend wird

mir ein japanisches Bett hergerichtet. Ich möchte meine Dankbarkeit ausdrücken, aber das geht leider nur, wenn Fumi übersetzt.
Am zweiten Tag besuche ich mit der Mutter eine Tempelanlage in der Nähe, nachmittags ein japanisches Theater in der Stadt. Frau Saito geht nur im Schatten oder hält schützend ein Taschentuch vors Gesicht, um die vornehme Blässe zu schonen.
Mit Fumi verbringe ich den Abend in der Kneipe eines Freundes; wir trinken mehrere Gläser Sake, japanischen Reiswein.
Letzter Tag in Tokio: Auf einer Radtour durch die engen Gassen des Wohnviertels besuche ich mit Herrn Saito, der mit flatterndem Kimono vorausfährt, den Ohmiya Hachiman-Schrein. Der Schrein wurde 1063 als Dank für eine gewonnene Schlacht errichtet. Über 6.000 blühende Azaleen-Büsche säumen die breite Straße von dem monumentalen Eingangstor zum Schrein.
Nachmittags habe ich die Ehre, im Hause der Saitos an einer Teezeremonie im Teezimmer teilnehmen zu dürfen. Außer den Utensilien zur Teebereitung liegt auf dem Boden für jeden ein Kissen. An der Wand hängt ein Gedicht und darunter steht ein Ikebana-Arrangement. Leider verstehe ich die Worte, die Frau Saito während des Rituals spricht nicht — trotzdem bin ich von der Ästhetik der Zeremonie tief beeindruckt.
Nach dieser Kostprobe japanischer Kultur verabschiede ich mich. Wir laden meinen Rucksack aufs Fahrrad und die ganze Familie begleitet mich zur U-Bahn.
Die Nacht ist kurz während des Fluges nach Alaska. Bei der Zwischenlandung in Anchorage und über den Eisfeldern des Nordpols haben wir klare Sicht.
In London fühle ich mich schon zu Hause, es ist Frühling und die Kirschbäume in den Londoner Vororten stehen in voller Blüte. Jeanette hat ihre Koffer erst seit vier Tagen ausgepackt und plant schon die nächste Reise. Wir bummeln durch die Geschäfte an der Kings Road. Ich kaufe mir eine neue Sommergarderobe.
Auckland — Tokio — London. Ich bin berauscht vom schnellen Wechsel meiner Aufenthaltsorte. Die Zugfahrt

nach Deutschland ist dagegen endlos lang und ich weiß, noch bevor ich meine Heimatstadt erreicht habe, daß dies nicht meine letzte Reise war. Noch nicht!

Flug über Alaska

Gabi Schick wurde 1959 in der Edelsteinstadt Idar-Oberstein geboren und ist dort aufgewachsen. Ihre erste große Reise ging 1982 nach Südamerika (''Allein durch Südamerika'', éditions trèves, 2. Aufl. 87); 1984/85 war sie dann fünfzehn Monate in Karibik, Südsee und Neuseeland unterwegs. Nach ihrer Rückkehr machte sie ihren Abschluß als Gemmologin (''Edelsteinfachfrau''). 1986 — Anfang 88 die dritte große Reise: nach Asien, Australien und China (Buch in Vorbereitung).

Gabi Schick: **Allein durch Südamerika**
Eine Globetrotterin erzählt
trèves reise impressionen
144 S., 60 s/w Fotos, 8 Farbfotos
ISBN 3-88081-191-1
DM 19,80/ Sfr. 18,50/ ÖS 154,-

"Flott und stilistisch ganz unbekümmert berichtet die Autorin über eine einjährige Reise, die auf Trinidad anfing, durch Venezuela, Ecuador, Peru, Argentinien und schließlich bis nach Brasilien führte."

(FAZ, Nr. 42, 19.2.1987)

Gabriele Haug: **550 Tage in Saudi-Arabien**
144 S., 60 s/w Fotos, 8 Farbfotos
ISBN 3-88081-257-8
DM 19,80/ Sfr. 18,50/ ÖS 154,-

Saudi-Arabien, 12 mal so groß wie die BRD, jedoch nur ca. 9 Mill. Einwohner, Land der größten Ölreserven der Welt, das erst vor einigen Jahrzehnten den Weg vom Mittelalter zur Neuzeit begann, in dem heute noch Beduinen leben, neben 6-spurigen Autobahnen, neuen Flughäfen und Stahlwerken. Ein Land, das sich im Aufbruch befindet und sich dennoch vieles erhalten hat, was für einen Europäer exotisch, bewundernswert, interessant, erstaunlich schön und unverständlich sein kann.